아동문학 교육이 나아갈 길

# 아동문학 교육이 나아갈 길

**초판 인쇄** 2014년 8월 6일
**초판 발행** 2014년 8월 13일

**지은이** 신헌재 ▌ **펴낸이** 박찬익 ▌ **편집장** 김려생 ▌ **책임편집** 김경수
**펴낸곳** 도서출판 **박이정** ▌ **주소** 서울시 동대문구 천호대로 16가길 4
**전화** 02) 922-1192~3 ▌ **팩스** 02) 928-4683 ▌ **홈페이지** www.pjbook.com
**이메일** pijbook@naver.com ▌ **등록** 1991년 3월 12일 제1-1182호

ISBN 978-89-6292-673-6 (93370)

* 책값은 뒤표지에 있습니다.

# 아동문학 교육이 나아갈 길

신헌재 지음

도서
출판 박이정

# 제1부 아동 문학교육의 토대와 방향

# 제2부 아동 문학교육 연구의 실제와 지향점

## 〈부록〉 아시아 아동문학 대회 필자 발표문과 참관기

필자가 1980년대 초 대학원 박사과정에 들어가 아동문학교육에 관심을 두고 이론화를 시도하려던 무렵, 마침 모교에서 은사님과 동기 선후배들 앞에서 제가 문학교육 관련 소논문을 발표할 기회가 있었는데 그 자리에서 은사님이 하시던 말씀이 기억납니다. 이런 이론이 굳이 따로 없던 때에도 문학교육은 나름의 의미와 성과를 보이며 이뤄져 왔었노라고…

당시 저는 그 말씀이 마치 제 연구가 쓰잘 데 없는 거라고 질책하는 소리로만 들려서 섭섭했던 기억이 30여년이 훨씬 지난 지금에도 생생히 떠오릅니다. 그때 속으로 '은사님, 문학교육을 위한 이런 학문적 탐구가 문학교육을 좀 더 가치롭게 하기 위한 노력이라 여기시고, 너무 채근하진 마십시오!'라고 속으로 푸념만 했던 것도 함께….

그러나 지금 되돌아보니 이왕 연구를 하려면 현장 문학교육에 기여할만한 것을 하라고, 그러기 위해서는 굳이 외국의 한두 이론에 기대기보다는 현장성을 바탕에 두고 연구하라는 고언으로 들려 새삼 귀하게 받아들여지는군요.

저는 외람되오나 갓스무살부터 초등교사가 되어 만 9년간 어린이들을 가르치며 이런저런 활동을 하는 과정에서 저들에게 아동문학의 위력을 피부로 느낀 사람입니다. 저는 특히 옛날이야기를 많이 들려주었는데, 수업시간에 아동의 관심과 주의집중이 필요한 때는 물론이고, 아이들이 잘했을 때는 상으로도 이야기를 들려주었지요. 당시 빈민촌 아이들 가운데, 방과 후라도 부모 맞벌이로 썰렁한 집에 가기 싫어하는 이들이 적잖았는데 저는 그들을 대상으로 '동화교실'을 운영하기도 했지요. 그때 '레미제라블'을 연속동화 '장발장'으로 각색해서 구연동화로 들려주기도 했는데 그때 들으며 함께 울고 웃던 사랑스런 아이들이 지금도 눈에 선합니다. 그리고 한 때는 아동연극반을 만들어 운영하면서 아동문학이야말로 아이들의 숨은 끼와 재능을 발휘시키는 귀한 자리라는 것도 재삼 확인할 수 있었지요.

그러다가 삼십대 들어 주경야독으로 대학원 공부를 하게 되면서부터, 예비 초등교사를 길러내는 대학에 온 과정 동안, 그리고 <한국아동문학학회>회장을 역임하며 60대 중반에 이른 지금까지, 이런 아동문학이 우리 초등 어린이와 그 교육에 어떤 영향력을 주는지, 또 그 영향력을 극대화하려면 어떤 아동문학교육으로 운영되어야할지, 그리고 이를 위한 문학교육 연구는 과연 어떻게 지향되어야 할지에 대해 연구하고 또 이를 학계에 발표도 할 수 있는 중요한 기회들을 갖게 되었지요.

여기 수록한 글들은 바로 제가 이십여년 간 위와 같은 경험을 토대로 모색하고 연구하면서 여러 학회지와 잡지에 게재한 결과물들을 모아 정리해 놓은 것입니다.

그리고 부록에 실은 글은 제가 아동문학학회장으로서 일본, 중국, 대만 등지를 다니며, 동아시아 국가들과의 교류 속에서 이뤄진 아시아 아동문학대회의 발표글과 참관기입니다.

이 글이 아무쪼록 우리 아동문학을 사랑하고, 이를 통해 어린이의 꿈과 슬기를 길러내는 일을 소중히 여기는 이들에게 아동문학교육을 성찰하는 하나의 시사점을 주거나, 논의거리를 일으킨다면 얼마나 좋을까 하는 마음입니다. 아울러 필자는 이 작은 성과가 '아동문학교육론'이란 이상향을 찾아다니는 이에게 작은 안내도 구실이라도 할 수 있다면 더할 나위없는 보람과 기쁨이 되겠습니다.

끝으로 이 글의 초교를 맡아준 우리 교원대의 제 소중한 제자들에게 감사하고 또 무엇보다 이 책을 정성껏 만들어주신 박이정의 사장님과 편집부장님과 직원 제위께 심심한 사의를 표합니다. 그리고 이 책이 제 첫 아동문학교육 관련 저서라며 충심으로 기뻐해준 저희 사랑하는 아내와, 또 저를 위해 평생 기도의 손길을 놓지 않으신 구순되신 어머님께 이 책을 바칩니다.

2014. 7. 신헌재

# 제1부

. . .

# 아동 문학교육의 토대와 방향

# 아동문학이 어린이에게 미치는 영향

## 1. 서론

아동문학이 어린이에게 미치는 영향을 제일 크게 피부로 느끼는 이들은 바로, 매일 어린이를 대하는 유치원 교사와 초등학교 교사들이다. 아무리 주의산만한 어린이라도 교사가 옛날 이야기를 한 자락 펴보이는 시늉만 해도, 아이들은 하던 일을 젖혀두고 눈빛을 초롱거리며 다가선다. 이야기를 진행하는 과정에서 교사는 또, 숨죽이며 바라보는 어린이들의 그 눈빛 속에서 아동문학이 이들에게 얼마나 큰 영향을 미치는지 눈치채게 된다. 분명히 아동문학이 어린이들에게 큰 영향을 주는 매력적인 대상임에는 틀림없다. 그러나 이 영향이 어느 범위에서 어떤 근거로 일어나는지를 말하기는 쉽지 않다.

우리나라에서 아동문학이 독립된 문학 영역으로 인정되고 아동문학 작가들의 문단이 형성된 것은 불과 한세기도 지나지 않았다. 하지만, 어린이를 대상으로 한 이야기와 전래 동요의 전수는 한국 문학의 태동기부터 지금까지 이어져 왔음을 여러 모로 추정할 수 있다. 이처럼 어린이를 위한 문학이 비록 전수 방법과 형태는 달라졌더라도, 어린이들에게 차지하는 영향은 예나 지금이나 다를 바 없다고 본다.

본고는 바로 이 아동문학이 어린이에게 주는 영향의 근거와 범위를 좀 더 구체적으로 밝혀보려는데 목적이 있다. 그러기 위해서 먼저 아동문학의 일반적인 의의와 특성을 정리하고, 그 문학을 아동이 수용하는데 어떤 심리적 심리적 특성을 보이는지를 살펴보고자 한다. 그리고나서, 이런 어린이에게 아동문학이 끼치는 영향의 특성과 범위를 명시해보고자 한다.

## 2. 아동문학의 특성과 의의

아동문학의 특성을 한마디로 들라 하면 대체로 어린이를 위한 동심(童心)의 문학이란 말로 정의할 수 있다. 이때 동심은 단순하고 미완성되고 미성숙하다는 점과 더불어 자기 중심적이란 부정적인 성향으로 설명되는 경우가 있다. 그런가 하면, 순수하고 물활론적인 판타지성과 함께 낭만성을 지녔다는 긍정적인 성향으로 설명되기도 한다.

대체로 보아 동심은 생동하는 생명력과 삶의 활기를 바탕으로, 상상의 날개를 펴서 항상 새로운 세계를 지향함으로 인해 경직된 관념과 무기력의 늪속에 빠질 겨를이 없는 존재다. 그리고 주위 사물과 자연 만물에 대한 풍부한 감수성과 끝없는 친화력을 지님으로, 우주를 다스리는 초월자와도 교감하는 경지에까지 이를 소지가 있다. 그리하여 동심이야말로 순수무사 기한 인간의 본연의 모습이요, 저들이 일찍이 공유했던 원초적인 이상향을 동경하고 지향하는 특성을 지녔다는 데에 일반적으로 공감해온 바다.

아동문학은 바로 이런 동심을 주제로 한 문학이요, 동심을 대상으로 한 문학이란 점에서 독자성을 인정받아 마땅하다. 이때 동심은 아동들만의 소유가 아니요, 동심을 희원하는 성인 작가들에게도 있는 것이라고 볼 때, 굳이 아동문학의 범위를 아동들만의 작품으로 한정하는 일부 견해[1]는 설득력이 없다. 이렇게 작가로서의 문학 의식과 전문적인 안목을 지니지 못한 아동들의 습작보다는 도리어, 동심을 추구하는 기성작가들이 동심과 관련된 주제 구현에 작가적 의식과 안목을 드러낸 작품들이 본격적인 아동문학의 범주에 들 수 있는 것이라고 보는 견해[2]에 공감한다. 그렇다고 간혹 보이는 바, 기성작가들이 어린 시절을 감상적으로 회고하는 이야기나, 어린이들을 귀엽게 바라보며 편협된 '천사적 동심주의'같은 고정 관념 속에서 자기위주로 써온 사이비적인 동심 작품들은 제외해야 할 것이다. 아울러 동심의 세계에서 유영하기보다 교훈성을 생경하게 드러내는데만 머문 문학 작품도 제외해야 마땅하다.

이런 아동문학이 지닌 특성들은 동심이 지닌 성향으로 인해, 풍부한 상상과 정서와 더불어 이상주의적 요소를 기조로 한 예술성을 지니고 있다. 그리고 아직 성숙 과정에 있는 아동을 대상으로 한다는 점에 형식 면의 단순명쾌성과 더불어 저들 아동의 발달과정에 긍정적으로 영향을 끼치도록 고려해야한다는 점에서 교육성을 또 하나의 주요 특성으로 지니고 있다. 이 아동문학의 예술성과 교육성은 일반 문학의 기능과 의의를 흔히 교훈성과 심미적 쾌락성으로 잡는 것과 어느정도 일맥상통한다. 그런데 이 예술성과 교육성은 아동문학 고유의 특성이기 앞서 아동문학이 독자인 아동에게 끼치는 영향이나 효용성 내지 의의를 대변하는 것이기도 하다.

아동문학의 교훈성과 예술성에 대한 논의는 김경중의 글[3]에서 취할

---

1) 이 견해는 조지훈이 '아동이 지은 아동을 위한 아동의 문학'이라고 정의한 것이나, 이희복과 백철이 순수한 아동문학은 아동자신이 쓴 것이라고 말한 데서(「아동문학」5집, 1963. 6) 찾아볼 수 있다.

2) 이재철의 '동심적 성인작가'(「아동문학의 이론」:1988;12)에 관한 언급이나, 박화목(「아동문학개론」:1989;17) 및 구인환 외의(「아동문학」:1973) 이와 비슷한 언급들이 이 견해를 대변한다.

3) 김경중, 「아동문학론」(신아출판사, 1994), 21-30쪽, 여기에 나오는 아동문학의 예술성과

만한 점이 엿보인다. 그는 교육성의 개념을 그동안 너무 편협하게만 해석하여 받아들이는 문제점을 지적하면서 아동 교육을 '바람직한 성장 발달을 돕는 형식적, 비형식적 교육과정의 총체'라고 폭을 넓혀 해석한다면, 교육성과 예술성은 결코 별개의 유목화 개념이 될 수 없다는 것이다. 그러면서 열두 항목에 걸친 교육성의 구체적인 항목4)을 열거하고 있다.

이상의 항목들을 충실히 달성시키려면 무엇보다 아동문학작품이 독자인 아이들의 마음에 감동으로 다가 올 수 있도록 예술성을 지녀야 한다는 것이다. 그리고 그렇게 하자면 작품의 교육성과 예술성이 자연히 불가분의 관계에 놓일 수밖에 없다는 주장이다.

필자도 위의 주장에 공감하면서 또 한가지, 아동문학의 교육성을 세분해놓은 열두개 각각의 항목 설정에 주목하지 않을 수 없다. 이 항목들은 아동문학의 기능 내지 의의로서, 문학이 어린이에게 끼치는 주요 영향이란 점에서 본고의 주제와 밀접한 관계에 있기 때문이다. 그런데 이를 살펴보고 논의하기 앞서 먼저 할 일은 아동이 문학을 받아들이는 데 있어 유의할 만한 심리적 특성은 무엇인지를 살펴보는 일이다.


## 3. 아동의 문학 수용상의 특성

문학을 수용하는 어린이의 심리학적 특성을 아동 발달단계에 따라 살

---

교육성의 조화에 관한 논의는 이재철의 글에서도 일찍이 제기된 바 있다.
Cf) 이재철, 「아동문학의 이론」 3판, 형설출판사, 1988), p.p.12-13.
4) 외국의 연구결과를 토대로 한듯이 보이는 12항목의 열거내용은 다음과 같다.
　(1)조기 경험의 보충 및 확대 (2) 개념의 명료화와 지식 및 사고의 자극
　(3)아동의 사회적 관계 증진 및 사회화 촉진 (4)심미감과 창의적 표현 욕구의 자극
　(5)간접 경험을 통한 지식의 확대 (6)의사소통 능력의 확대
　(7)작품을 통한 즐거움의 확대 (8)올바른 독서교육
　(9)성장기의 심리적갈등 극복과 문제해결 능력의 신장 (10)자신감과 성취감의 체험
　(11)소속된 문화의 가치와 정신 고취 (12)삶의 지혜와 의미 발견

펴보는 일은 매우 힘든 일이다. 이에 부응할 만한 아동 발달심리학의 성과도 미비하고, 실제 아동의 문학 감상 실태를 관찰 분석하는 방법론이나 사계 연구자들의 치밀한 연구 성과물도 거의 없는 실정이기 때문이다. 따라서 본 장에서는 부족한 대로 기존의 발달심리학에 의거하여 학령기 아동을 저·중·고, 3단계로 나눠 각각의 심리학적 특성을 원론적 수준에서 요약 기술한 졸고[5]의 해당 부분을 재정리하고, 문학교육상, 아동의 수용면의 특성을 다섯가지로 정리한 글[6]을 참고하여 아동의 문학 수용상의 심리적 특성을 기술해보고자 한다.

## 3.1. 아동 발달 단계에 따른 수용상의 특성

본절에서는 학령기 아동을 저·중·고 별로 그 속성을 기술하되, 저간의 발달심리학의 성과를 고려하여, 우선 인지적 발달 특성과 도덕적 발달 특성으로 나눠 기술하고자 한다.

### (1) 아동의 단계별 인지적 발달 특성

여기서는 어린이의 지적 발달에 관한 피아제의 이론을 바탕으로 하되, 주로 파팔리아(D.E.Papalia)가 이를 정리한 문헌[7]에 의거하여 논의해보려고 한다.

㈎ 저학년 단계

아동을 위한 서사문학의 특성인 판타지의 세계가 가장 폭 넓고도 활발하게 허용될 수 있는 시기이다. 모든 사물들을 자기와 같은 생명체요,

---

5) 신헌재, "아동을 위한 서사문학 작품선정의 기준 고찰" -아동의 발달단계를 중심으로- 「국어국문학」114호, (1995.5), p.p.367-385.
6) 최현섭 외, 「국어교육학개론」(삼지원,1996), p.p.385-389.
7) D.E.Papalia, 이영·조연순 공역, 아동의 세계, 양서원, 1993, 412-415쪽

의인체로 받아들이는 시기이기 때문에 모든 것을 의인화시켜내도 무리가 없고 오히려 그것을 재미있게 받아들인다. 작품 속에 의인화되어 나오는 어떤 무생물에도 어렵지 않게 동일시 할 수 있다. 의인화 대상이 아동의 생활 범주에서 친숙하게 볼 수 있는 사물, 동식물이면 더욱 좋을 것이다. 또한 꿈과 현실을 대등하게 보기 때문에 두 세계를 자유롭게 왕래할 수 있다. 결국, 웬만한 몽환적 작품을 통해서도 미분적 상상에 가까운 서사문학의 판타지적 세계를 어느 때보다 자유롭고도 화려하게 감득할 수 있는 시기이다.

(나) 중학년 단계

이 시기 아동들의 사고는 새로운 면을 보인다. 곧, 꿈이 비실제적이라고 여기면서도 눈으로 볼 수 있는 존재로 인식한다든가, 움직여지는 것만 생명체로 여긴다는 점 등이 그것이다. 그래서 서사문학에서 판타지적 세계를 감상하는데도 얼마간의 제한을 갖게 된다. 예컨대, 움직이지 않는 돌맹이같은 무생물을 의인화한 것은 부적절하다. 최소한 아동 세계에 친숙한 것들 중에서도 자전거나 바람개비같이 움직이는 사물들을 의인화 하는 것이 적절하다. 그리고 서서히 현실과 꿈의 세계를 구분해가기 때문에, 판타지적 세계라도 어느 정도 리얼리즘적 세계의 바탕 위에 구성된 것을 잘 이해하기에 이르고, 나아가 공감각적 메타포와 시적 분위기가 공들여 구사된 것도 어렵지 않게 감득할 수 있게 된다.

(다) 고학년 단계

이 때는 서서히 합리적이고 논리적인 사고를 하게 되면서 미분적인 판타지적 상상의 세계를 어느 정도 벗어나게 되는 시기이다. 그래서 움직이지 않는 무생물을 대상으로 하는 무조건적인 활유법적 표현이나 의인화를 도모하는 이야기보다는, 허구적인 내용 속에서도 어느 정도 리얼리티가 뒷받침된 작품을 즐겨 감상하기에 이른다. 판타지적 세계 구성도 보다 치밀한 리얼리즘적 세계의 뒷받침 아래 이뤄진 것을 더 즐기게 된다. 나아가 현실적 문제 상황으로 인해 풀리지 못한 욕구의 대리 충족적인 면보다, 그로 인한 자아와 세계와의 갈등 양상을 다루는 서사문학의 본질에 좀 더 다가선 작품도 이해하고 음미할 줄 알기에 이른다.

## (2) 아동의 단계별 도덕적 발달 특성

이 방면의 연구 업적으로는 피아제(Piaget), 콜버그(Kohlberg), 셀만(R.L.Selman) 등의 이론이 대표가 된다. 이 세 사람의 연구 결과를 정리해 놓은 최경숙과 파팔리아(D.E.Papalia)의 글[8]을 토대로 하여, 학령기 아동의 도덕적 발달 특성에 따라 아동문학 작품에 대한 저들의 반응이 어떠할 것인지, 저·중·고 별로 차례로 기술해보기로 한다.

### ㈎ 저학년 단계

이 시기는 도덕적 개념이 없는 전도덕 단계이므로, 아직 도덕적 사고와 판단을 요구하는 작품보다 상벌(賞罰)에 따라 도덕적 행위가 규제되는 내용이 감상하기 적절한 시기다. 따라서 권선징악을 모토로 한 대부분의 전래동화식의 주제와 분위기가 이 시기에 걸맞다.

이 시기는 또 서사문학의 주인공과 그가 처하는 세태에 대하여 자기 중심적으로 이해하는 단계이다. 그러나 등장인물의 사고와 반응 양상이 좀 더 다양하게 나타나도 그것을 포용할 수 있고, 나아가 그 반응 속에 숨은 의도를 남도 감지하리라는 생각과 더불어 스스로도 개인 행동 간의 연관성을 조금씩이라도 파악할 수 있는 기미를 보이기 시작하는 단계이다.

---

8) 다음 문헌을 중심으로 참고함.
崔敬淑, 아동심리학, (3판:民音社, 1989), 354-374쪽.
D.E.Papalia, 이영·조연순 共譯, 아동의 세계 -태내기에서 청년기 발달까지-, 4판, 良書院, 1995, 420-439쪽.

⒜ 중학년 단계

이 시기의 전기(前期)는 아직도 전도덕 단계(前道德段階)에 머물러 있으므로 주제면에서 저학년과 크게 다를바 없다. 다만 중학년 후기에 들어서면서 남을 객관적으로 인식하게 되고, 거기에서 자신의 도덕적 행위의 모델을 구하는 면이 강하게 일어나기 시작한다. 그러므로 상식적으로나 관습적으로 보아, 선인으로 인정되는 인물들이 분명히 두드러져 드러나는 평판적 인물 유형 위주로 된 서사문학이 이들에게는 적절하다.

이 시기는 또한, 등장인물의 다양한 반응과 그 반응의 동인이 되는 의도가 더욱 구체적으로, 긴밀하게 드러나는 데 합당한 시기이다. 아울러 등장인물 상호 간에도 각각의 반응과 그 원인인 내면 세계를 살피고 서로 이해하는 면모가 초보적인 수준에서 나타날 만한 시기이다. 또한 등장인물의 행동과 심적 특성 간의 호응 및 행동과 행동 간의 인과관계적 면모를 감지하고 이해할 만한 시기이기도 하다.

⒟ 고학년 단계

이때에는 스스로 선인과 악인을 분별할 줄 알고 사회 질서를 유지하는 일이 중요하다는 것을 인식해가는 시기이다. 그러나 아직 도덕적 판별력이나 주체적인 도덕 기준을 완전히 획득하지는 못한 때이다. 대체로 이웃을 위해 희생하고 사회적 질서를 위해 헌신하는 의협심이 강한 주인공들이, 그렇지 못한 사람들 사이에서 두드러져 나타나는 유형의 이야기가 이들에게 선호될 만하다. 그러나 후기에 이를수록 초보적이나마 도덕적 판단력을 기르기에 적절한 가치 갈등 이야기를 소화할 수 있게 된다.

또한, 이 시기는 등장인물의 반응과 그의 성품 사이의 긴밀도가 더욱 분명하여지고, 나아가 서사문학을 구성하는 사건과 사건 및 그 안에 깃든 등장인물의 제반 행동들 속에서 인과관계가 보다 명확히 드러난 작품의 묘미를 감득할 수 있는 시기이다.

## 3.2. 문학교육상의 아동의 수용 특성

여기서는 좀 더 구체적으로 아동이 문학작품을 수용하는 과정에서 엿보이는 특성을 살펴보려고 한다. 보다 구체적인 수용상의 특성을 기술하기 위해서, 정규 국어 교과 속에 포함시켜 지도하는 문학 단원의 지도 과정으로, 그것도 서사문학 단원으로 한정하여, 아동들이 문학을 수용하는 특성으로 상정될 만한 것을 다음 다섯 가지로 나눠 정리해보기로 한다.

### (1) 감정이입(感情移入)의 단순·강렬함

아동들은 대체로 작품 속의 사건과 주인공 속으로 감정이입하는 정도가 성인들에 비해 한결 강렬하고 단순하다. 이 감정이입의 단순성은 본디 순진무구한 유아적 정신 기제의 한 양상으로 파악되는데, 때로 주제를 심도 있게 음미하거나 창의적으로 해석하는데 장애를 줄 소지가 있다. 그러나 초기에 감정이입을 위한 단서를 잘 제공하고, 감상이 일정한 단계에 이르면 스스로 감정이입을 조절하게 함으로써 이 특성을 적절히 활용할 수 있다.

### (2) 플롯 개념의 미비

서사문학의 감상의 요체는 플롯의 묘미를 맛보는 데 둘 수 있다고 본다. 그런데 초등학교 저학년 단계에서는 플롯 개념이 아직 스토리라인의 개념을 크게 벗어나지 못하고 있다. 중학년 이상으로 올라가야 가까스로 플롯개념이 분화되어 플롯의 묘미를 감득할 수 있게 된다. 중학년 이하라도 개인에 따라서는 영화, 텔레비전 연속극 시청 경험이 많은 아동일수록 이것이 조숙할 수도 있으나 대체로는 아직 미비한 편이다.

### (3) 배경 요소에 대한 인식의 미흡

사실주의 문학작품일수록 배경 묘사가 강조되는 법인데, 정작 아동들의 이 배경요소에 대한 인식은 대체로 미약한 편이다. 그래서 아동들은 시간적, 공간적 배경에 대한 상세한 진술이 생략된 단순 구조의 민담류 형태를 흔히 선호하기 마련이다. 아동의 이런 특징은 플롯개념의 미비함과도 연결되는데, 그러므로 아동의 배경 요소에 대한 관심도가 문학 수용의 성숙도를 가름하는 좋은 푯대가 될 수 있다.

### (4) 인물중심의 기억망 형성

아동들은 긴 서사문학 작품을 읽고서 그 내용을 기억하고 총체적 기억망을 형성하는데는, 대체로 주요 인물을 중심으로 작품을 회상해내는 인지전략을 쓴다. 이렇게 작품의 경개를 인물 중심으로 파악하여 회상해내는 방안은 문학작품의 내적 본질에도 부합하고 인지전략상으로도 무리 없는 방안이라고 하겠다. 그리고 문학작품을 파편적으로 파악하고 순간적 감성에 의해서만 이해하려 드는 습관을 방지하는데도 도움을 준다.

### (5) 동원 스키마(schema)의 제한

아동들은 나이가 어리기 때문에 그들의 삶과 경험의 양적 축적이 미약하다. 따라서 문학을 감상하는데 동원될 스키마가 양적으로나 질적으로 제한되어 있기 마련이다. 그래서 아동문학 작가에게는 그들이 감상할 아동문학 작품의 소재면에서의 제한이 요구되고, 교사들에게는 부족한 스키마를 보완하고 동원하기 위한 전략이 요구되기 바련이다. 또한 초등학교 시기에 접하는 모든 아동문학 작품과 이를 읽고 감상하는 일은 이 시기의 아동들에게 새로운 세계를 이해하고 적응하는데 필요로 하는 주요한 스키마를 내면 속에 조성해가는데 기본적인 역할을 한다.

지금까지 아동이 문학작품을 받아들이는 데 있어서의 한계성과 특성에 관하여 살펴보았다. 이와 같은 어린이들의 수용상의 한계와 특성을 고려하여 아동문학이 어린이에게 미치는 영향이 어떠한 것이며, 그 범주는 어디에 한정하는지를 명시해 보이는 것은 다음 장에서 할 일이다.

## 4. 아동문학이 어린이에게 미치는 효용성

아동문학이 어린이에게 미치는 영향은 아동문학의 의의 내지, 효용성이란 말로 대치할 수 있다. 앞서 김경중이 '아동문학의 교육성'을 세분하여 12가지 항목으로 열거해놓은 것은 바로 이 아동문학의 효용성을 일컫은 것에 다름 아니다.

본장에서는 앞장에서 살펴본 바, 문학 수용상의 아동의 한계점과 특성을 참고하여 아동문학이 어린이에게 미치는 효용성을 기술해보고자 하는데, 필자는 우선 다음 세 가지 관점으로 나눠서 효용성을 정리 기술하고자 한다.

첫째는 아동의 간접 경험을 통한 지식의 확대와 이를 통한 기본적인 지식 및 개념의 명료화에 관한 것이다. 둘째는 효과적인 의사소통기능 및 독서 기능과 같이, 정규 교육과정에서의 국어교육이 지상의 과제로 삼고 있는 언어 사용기능 신장에 관한 것이다. 그리고 셋째는 아동의 정서적 고양과 가치관 함양에 관한 것이다.

### 4.1. 아동의 간접 경험을 통한 스키마 확대 · 심화의 면

아동들은 짧은 연륜으로 인해 경험의 축적이 미약하다는 점 때문에, 책을 읽고 이해하는데 동원될 스키마에 한계가 있음을 앞서 지적한 바 있다. 초등학교 시절에 아동문학 작품에 심취하다보면, 비록 간접 경험이지만 세상의 많은 일과 인간의 여러 가지 삶의 모습을 풍부하게 감지하고 상상을 통해 재경험하는 기회를 얻을 수 있다. 이런 간접경험을 통해 스키마의 보충 및 확대·심화를 기할 수 있다는 점에서 그 의미를 둘 수 있다. 그리고 이를 통해 자극을 받아 아동의 기본적 지식이 확충되고 막연한 개념들이 명료화된다는 점에 궁극적 의미를 둘만하다고 본다.

## 4.2. 언어 사용기능 신장을 목표로 한 국어교육에 기여하는 면

5, 6차 교육과정 이후에 우리나라 국어교육의 목표는 언어 사용기능 신장을 지상의 목표로 삼고 있다. 여기서 언어 사용기능을 확대 해석하여 독해, 작문, 화법 기능은 물론, 언어의 정서적 기능인 심미감 고양까지도 국어교육의 주요 목표로 삼는다. 그리고 언어 사용기능과 상통하는 사고력 신장과 더불어 국어에 대한 이해와 사랑하는 자세 고양까지도 목표로 한다. 이런 국어교육 목표 달성을 하는 데, 아동문학에 거는 기대는 날로 더해가고 있다. 그리하여 아동문학을 통해 이 방면에서 얻을 수 있는 효용성을 좀 더 구체적으로 열거하면 다음과 같다.

우선, 문학작품 독해를 통해 어휘력 확충 뿐 아니라 언어로 표현하고 이해하는 의사소통 기능을 높일 수 있다. 그리고 올바른 독서능력을 고양하고 좋은 문학작품에 대한 항구적인 즐거움과 흥미를 계발시킬 뿐 아니라 여가시간을 잘 이용하여 독서하는 습관을 기를 수 있다. 또한 아동문학의 예술성을 제대로 감득할 줄 아는 심미감을 고양시키고, 나아가 문제해결의 통찰력과 더불어 창의력을 신장시키는 계기를 얻는다.

## 4.3. 정서적 고양과 가치관 함양에 기여하는 면

성장기의 아동들은 그들 나름의 여러 갈등을 겪고 때로는 정서적 안정을 잃는 경우도 있다. 이때 아동문학은 정서적 도피 내지, 대리 충족의 기회를 주는 등의 방법으로 이를 극복하고 정서적 안정감을 회복하면서, 자신감과 성취감을 맛보는 경지에까지 이를 수 있다. 아동문학은 또 아동들로 하여금 타인에 대한 지식과 이해를 키우며 그들의 문제와 어려움을 이해하는 데에 도움을 줄 수 있다. 그리고 이를 통해 자기중심적 사고에서 벗어나 사회적 관계를 증진시키는 효과를 가져 온다. 또한 소속된 우리 문화의 가치와 정신에 고취됨으로 인해 민족애와 민족의 이상에 대한 이해와 지향 의식을 갖게 하는 데도 기여할 수 있다. 나아가 아동들로 하여금 보편적인 윤리적 가치를 인식하게 할 뿐 아니라, 현대사회를 살아나갈 올바른 인격의 기초를 세우는데 기틀을 다지는 효과를 줄 수도 있다.


## 5. 결론

지금까지 아동문학의 의의와 특성과 함께 아동의 문학 수용상의 특성을 살펴본 뒤에, 이를 바탕으로 아동문학 작품이 아동에게 주는 효용성을 세 가지 면에서 들어보았다. 그런데 이 효용성의 정도는 아동문학 작품이 얼마나 예술성과 교육성이 조화롭게 들어간 좋은 작품이냐 하는 점에서 영향을 받는다. 그리고 여기서 미처 언급하지 못했지만 그 아동문학 작품을 교사가 어떻게 아동들에게 효과적으로 읽히도록 배려하느냐에 따라 효용성의 크기는 좌우되기 마련이다.

바로 이 효용성을 높이기 위해 효과적인 교수학습 방법을 강구하는 것이 초등 국어교육 가운데도 특히 문학 교육이 추구하는 주요 관심사인데 이에 대한 논의에는 미흡했다. 그리고 이 아동문학의 효용성의 문제는 사실 아동들이 문학작품을 읽는 과정의 전후를 관찰하고 점검하는 연구를 통해 더욱 구체적인 것을 얻을 수 있겠는데 본고에서는 그 점에서도 미흡했다. 이상의 미흡한 점은 후고에서 보완하는 것으로 돌릴 수밖에 없겠다.

## 참고문헌

김경중, 《아동문학론》, 신아출판사, 1994.

유창근, 《현대아동문학론》, 동문사, 1991.

이재철, 《아동문학의 이론》, 형설출판사, 1988.

최경숙, 《아동심리학》, 3판, 민음사, 1989

최현섭 외, 《국어교육학개론》, 삼지원, 1986.

D.E.Papalia, 이영, 조연순 공역, 《아동의 세계 -태내기에서 유년기 발달까지-》 4판, 양서원, 1995.

R. Whitehead, 신헌재 역, 《아동문학교육론》, 범우사, 1992.

신헌재, "아동을 위한 서사문학 작품선정의 기준 고찰", 《국어국문학》 114호, 1995. 5.

# 어린이의 인격 형성과 아동 문학 교육

## 1. 서론

문학작품이 어린이 시절의 인격 형성에 기여한다면, 아동기의 인격형
성이란 개념 범주에는 어느 것이 들어갈 수 있을까? 그 개념 범주는
지적인 것이나 기능적인 울타리에 매이기보다 이를 포괄하거나, 이를
넘어선 자리에 두어야할 것이다.

필자는 몇 해 전에 아동문학이 우리 어린이에게 미치는 영향에 관하여
세 가지를 들은 바 있다.[1] 그 개요를 정리하면 다음과 같다.

첫째는 아동의 간접 경험을 통한 지식의 확대와 이를 통한 기본적인
지식 및 개념의 명료화에 관한 것이었다. 둘째는 효과적인 의사소통 기능
및 독서 기능과 같이, 정규 교육과정에서 도구교과로 자리 잡은 국어과교
육이 지상의 과제로 삼고 있는 바, 언어 사용기능 신장에 관한 것이었다.
그리고 셋째는 아동의 정서적 고양과 가치관 함양에 관한 것이었다.

이 가운데 이 글에서 논의 주제로 삼고자 하는 아동문학교육을 통한
인격형성에 대한 개념 범주는, 바로 세 번째 사항에 해당하는 것으로

---

1) 졸고, '아동문학이 어린이에게 미치는 영향', <한국아동문학> 제13호, 한국아동문학인협
회, 1997, 8-23쪽.

잠정적인 제한을 하고자 한다.

필자가 앞서의 졸고에서 아동문학이 아동의 정서적 고양과 가치관 함양에 기여한다는 데 대하여 기술한 내용의 요점은 다음과 같다.

첫째, 성장기의 아동들은 그들 나름의 여러 갈등을 겪고 때로는 정서적 안정을 잃는 경우도 있는데, 이들에게 아동문학은 정서적 도피 내지, 대리 충족의 기회를 주는 등의 방법으로 이를 극복하고 정서적 안정감을 회복하면서, 자신감과 성취감을 맛보는 경지에까지 이를 수 있게 한다는 것이다.

둘째, 아동문학은 아동들로 하여금 타인에 대한 지식과 이해를 키우며 그들의 문제와 어려움을 이해하는 데에 도움을 줄 수 있으므로, 이를 통해 자기중심적 사고에서 벗어나 공동체의 일원으로서 현대사회를 살아나갈 올바른 인격을 세우는데 기여할 수 있다는 것이다.

셋째, 아동문학은 아동이 소속된 우리 전통문화의 가치와 정신을 아동들에게 고취시킴으로써 아동들로 하여금 민족애와 더불어 우리 민족의 이상에 대한 지향 의식을 갖게 할 수 있다는 것이다.[2]

이상 세 가지 사항, 각각의 핵심은 정서적 안정감, 사회적 관계 증진을 통한 사회성 계발, 민족애와 민족이상 고취 등의 덕목으로 요약할 수 있다.

이 글에서는 바로 이 사항들 각각을 구현하는 일이 과연 아동문학 작품을 통해서 가능한 것인지, 그리고 이를 제대로 구현하기 위해 교육현장에서 관심을 가져야할 부분은 무엇인지를 가늠해보는데 목적을 두고자 한다.

---

[2] 본래의 졸고에서는 이 세 가지 사항 외에, '보편적인 윤리적 가치 인식'을 바탕으로 한 '인격의 기초' 다지기를 더 넣어서 모두 네 가지로 들었다. 그런데 이 네 번째 사항이 다소 막연하고, 자칫 아동에게 격에 어울리지 않는 훈시적 일변도의 문학교육으로 전락시킬 것을 우려해서 본고에서는 제외하기로 한다.

## 2. 정서적 안정감

아동들의 정서적 안정감에 대한 논의를 하기 앞서 생각해볼 문제가
있다. 과연 아동들은 그들의 삶 가운데서 심적 고통이나 갈등다운 갈등을
갖고 있을까? 그래서 이를 극복하고 정서적 안정감을 회복해야하는 필요
성이 있을까? 대체로 아동들에게는 그런 문제는 없으며 있다 하더라도
구태여 운위할 만한 정도의 것을 갖고 있지는 않으리라는 통념을 갖기
쉽다. 그래서 일찌기 아동문학을 다루는 이들 가운데서도 소위 천사주의
적(天使主義的) 아동관을 지니고 있는 이들이 많아 왔고,3) 지금도 이
견해를 추종하는 이들이 적지 않다.

그러나 실제 어린이들의 정서는 비록 변하기 쉽고 짧은 기간에 일어나
는 것이더라도, 강열하게, 그리고 빈번히 일어난다는 특징이 있다.4) 또한
아동이 하고 싶은 욕구가 저지되었을 때의 분노와, 동기간의 경쟁에서
오는 질투심들, 그 밖에 교과 성적의 부진과 질책에서 오는 불안감 등은
직·간접으로 아동의 정서를 강렬하게 자극하여 때로 상처를 주기도 한
다. 이런 아이들 나름의 분노, 질투, 불안의 정서들을 극복하고 정서적
안정 회복과 성숙을 꾀할 방법으로 흔히 논의되는 것은 다름 아니다.
정서적 발달에 상응하는 교육과정을 만들어 운영할 것과 이를 통해 정서
표출 방식을 되도록 사회에서 승인받을 수 있는 범주 내에서 영위되도록
통제와 조정을 받아야 한다는 것이다.5) 이것은 곧, 국어과 교육과정 운영
상에 포함되는 바, 문학영역의 감상과 창작 활동을 영위함으로써 정서
표출 방식을 다듬어내어 사회적 승인 단계로 끌어올리고자 꾀하는 일련의
과정과 통하는 이야기다.

---

3) 방정환,고한승, 이정호,김복진 등은 이런 아동관을 지니고 있었다고 한다.
　　Cf) 이재철, <한국현대아동문학사>, 일지사, 1978, 178쪽.
4) 김제한, <현대교육학총서28: 발달심리학>, 학문사, 1990, 180쪽.
5) 상게서, 189-190쪽.

이때 우리는 또 다른 문제에 부딪힌다. 앞서와 같이 아동문학 작품을 감상하는 과정에서 아동들은 과연 정서적 도피와 대리 충족감 등을 가질 수 있을까? 그렇게 함으로써 정서적인 안정감과 더불어 성취감을 누린다는 것이 과연 가능한 일일까?

이에 대해서는 초등교육 현장에서 직접 어린이들에게 방과후 시간이나 특별 활동 및 자율학습 시간을 통해 '옛날이야기' 형식으로 전래 동화를 구연해주고 어린이들의 직·간접적 반응을 경험한 이들을 통해서 그 가능성의 일단을 가늠해 볼 수 있다고 본다.

필자는 일찍이 1969년 봄에 당시 청계천 난민들을 수용한 상계동 골짜기의 '상계 국민학교' 교사로 중간발령을 받고 1학년을 담임한 경험이 있다. 그때 아이들은 난민촌의 환경은 말할 것 없거니와 컨세트 가건물에서 90여 명의 과밀 학급이 3부제로 수업하는 열악한 상황 속에서 학교를 다녔다. 당시 그런 학교의 열악한 상황 속에서도 우리 반 아이들은 집에 가기보다 학교에 남아있기를 바라고 그 시간을 기다리면서 즐거워할 때가 있었다. 그것은 바로 필자가 방과후에 '동화교실'을 열어서 옛날이야기 형식으로 동화를 구연해줄 때였다. 그 동화 구연 활동을 통해서 필자는 바로 톨킨(J.R. Tolkien)이 말한 바, 동화가 지닌 4대 요소인 공상, 회복, 도피, 위안이라는 것들이 아동의 반응 속에 드러나고 있음을 경험해본 셈이다. 곧, 동화를 들려주는 순간 어린이들은 공상의 세계를 유영하면서 각자의 정서를 위협하는 불안요소들로부터 도피하고, 각자의 욕구좌절에서 오는 갈등과 더불어 아동의 최대 공포인 부모와의 분리 불안에서 오는 갈등을 해소 받고 위안 받는 반응을 보였다. 그리하여 이렇게 함으로써 아동은 정서적 안정을 회복하고 얼굴 가득히 밝고 평안한 표정을 지으며 눈빛으로 즐거움과 평안을 표하고 있는 바를 필자는 실증처럼 여실히 체험했던 것이다.

이와 같이 동화는 아동에게 정서적으로 위안을 주는 힘이 있다. 예컨대,

동화는 흔히 '마침내, 두 사람은 함께 만나서 언제까지나 행복하게 살았대요'로 끝나는 전래 동화처럼 대부분 행복한 결말을 짓는 특징을 지니기 마련이다.6) 그리고 바로 이런 동화의 특징이야말로 아동들로 하여금 그들이 가장 힘들어 하는 분리 불안과 같은 것을 진정시켜주고 위안을 주는 요체가 된다고 하겠다.

이러한 동화의 위력을 십분 발휘하기 위해 학교에서 할 일은 아동의 정서에 알맞는 문학작품을 선정해서 학습자가 자발적으로 향유할 수 있는 기회와 여건을 충분히 마련하여 문학교육과정을 운영할 수 있도록 하는 데 유념해야 할 것이다.


## 3. 사회성 계발

아동문학 작품이 아동들로 하여금 자기중심적인 사고방식에서 벗어나 사회적 관계를 증진시키고 이를 통해 사회성을 계발하게 할 수 있다는 것은 다음 두 가지 이유에서이다.

첫째, 문학작품은 다양한 세계를 담아내어 아동들에게 간접경험을 시킴으로써 아동들로 하여금 세계관의 폭을 넓힐 수 있게 하는 소지가 있다. 특히 아동문학의 환상적인 세계는 인간이 생각하고 꿈꾸는 모든 세계를 펼쳐냄으로써 아동으로 하여금 소소한 주변 세계에만 집착하는 경향을 버리고, 자기중심적이고 소아적인 고착화 경향을 극복하여 다른 세계로 나아갈 뿐 아니라 새로운 여건과 분위기를 수용하려 하는 진취적인 자세를 갖게 할 수 있다.

둘째, 문학작품은 타인에 대한 이해를 하는데 도움을 준다. 작가가 작품 가운데 만들어놓은 개성적이고 전형적인 인물들은 각기 다른 여건

---

6) 김희경, <명작동화의 매력>, 3판; 서울: 교문사, 1994, 593쪽.

과 관점에서 다른 생각과 행동을 해나간다. 아동은 이런 다양한 특성을 지닌 등장인물들을 접하면서 그들에게 동일시(同一視) 감정을 갖게 된다. 그리고 자신과의 차이점에 대한 인식과 더불어 나와 다른 그들의 특징을 이해하게 되면서, 점차 자신에 대한 객관적인 안목을 갖게 된다. 그리고 이를 바탕으로 자기중심적인 사고방식에서 벗어나 그 사회의 구성원으로서 갖출 원만한 사회성을 하나의 덕스러운 품성으로 지닐 수 있게 되는 것이다. 곧, 남에게 피해를 주거나 실망스럽게 하지 않는지를 염려하는 마음으로 자신을 돌아보고 반성하는 계기를 준다. 혹시 아동이 그런 깨달음과 반성을 할까 하고 의심을 가질 수도 있겠는데, 다음의 예가 이를 불식할 것이다.

<지혜의 샘>이란 책에서 링컨의 정직성을 말하는, '젖은 책' 예화를 읽은 한 6학년 어린이의 독서기록장에는 다음과 같은 기록이 있다.

> (…) 링컨은 책주인에게 찾아가서 사정을 솔직하게 이야기하고 용서를 빌었습니다. '아저씨, 그 대신 제가 이틀 동안 일을 해드릴께요!' (…) 내가 링컨이었다면 책이 비에 젖은 것이 겁나서 책을 잃어버렸다고 할 것이다.(…)[7]

이 아동은 링컨의 정직성과 함께 남에게 피해를 준 데 대해 보상하려는 책임의식을 긍정적인 것으로 이해 판단할 뿐 아니라, 이에 대비하여 자신을 되돌아보고 그렇지 못함을 반성하고 있는 심정을 독서기록장에 솔직하게 고백해주고 있다.

아동들이 문학작품에 감동할 때는 주로 주인공과 동일시 감정을 갖고 그 인물에 몰입하는 경우가 일반적인데, 그 주인공이 비록 자신의 성품과 다를지라도 독자는 그 매력 있는 주인공에 연합하기 마련이다. 그리하여

---

7) 허덕희, <어린이 독서교육>, 인간과자연사, 1999, 265쪽.

이 주인공을 통해서 작가와 교사는 독자들로 하여금 여러 긍정적인 효과를 기하게 할 수 있다.

그러면 학교에서는 이런 사회성 계발을 위해 아동문학 작품을 가지고 어떻게 운용할 것인가? 교육에서 일반적인 사회성 계발책으로 흔히 논의되는 것은 강화(强化)와 벌(罰)을 주는 방법, 웃어른의 훈육(訓育), 그리고 모델링 등. 세 가지이다.[8] 이 가운데 모델링이야말로 아동에게 가장 긍정적이고도 자연스러운 방식으로써 문학교육이 작품을 통해 이룰 수 있는 주된 방법이다.

아동들은 점차 커가면서 부모나 교사들보다는 동기간이나 같은 또래 친구들을 모방하고, TV나 영화의 주인공을 흉내 내기를 좋아하는 경향이다. 이런 아동들에게 문학교육은 통속화된 매스미디어의 주인공들에게만 몰입시키지 말고, 아동문학작품 속에 나오는 주인공들에게 매료시켜 그들을 모방하게 만드는 계기를 주어야 할 것이다. 그리고 문학작품 속의 다양한 인물들을 살펴 나와의 차이점을 비교하면서 사람들을 이해하고 포용하는 마음을 기르고, 이를 바탕으로 다양한 성격을 지닌 이웃들과 원만하게 상부상조하며 살아가는 자세와 품성을 길러나가도록 해야할 것이다. 이와 같이 사회구성원으로서의 기본적인 품성 가운데 하나인 사회성을 길러나가는데 문학교육이 해야 할 몫을 충분히 발현해야 한다고 본다.


## 4. 민족애와 민족 이상 고취

우리의 문학 작품이 우리 민족의 정서와 사고의 특성을 드러내고 우리 민족의 이념과 문화적 전통을 담아내고 있다는 점은 주지의 사실로 인정

---

8) 김광웅, 방은영, <兒童發達>, 3판; 서울: 형설출판사, 1994, 440-443쪽.

되는 바이다. 그러나 아동의 문학 작품 앞에도 과연 이렇게 민족 운운하는 거창한 수식어구를 붙일 만한가 하는 데는 쉽게 수긍하지 못하는 이들이 있을지 모른다.

그런데 이재철은 아동문학의 형식적 특질을 논하는 자리에서 아동문학의 단순명쾌성에 대하여 거론하면서 원시문학과 통하는 점을 말한 바 있다. 고대 우리 민족의 시원에 자리 잡은 上代 歌謠와 說話에 나타나는 특징들이 이렇게 아동문학에도 엿보이는 이유는 다름 아니라, 고대인의 원시적 세계관과 사고방식이 아동의 그것과 일치하기 때문이라는 것이다.9) 곧, 아동문학이야말로 우리민족 고유의 특성과 전통을 잘 드러내는 속성을 지니고 있음을 이야기한 셈이다.

실제로 아동들은 전래동화나 전래동요를 읽고 감상하는 과정에서 거기에 담겨진 우리 민족의 정서와 사고방식의 특성을 이해하고 공감하는 계기를 가질 수 있을 것이다. 또한 우리 민족 선열들의 위인전기문을 읽으면서 저들 삶 속에 불꽃처럼 타오르는 민족애와 민족적 자긍심을 감득하는 자리에 이를 수도 있을 것이다. 그리고 그 밖에 우리 민족의 역사와 문화를 소재로 해서 쓴 서사문학 작품들을 읽으면서는 우리 민족이 추구해온 이상과 지고의 이념을 터득하고 공감하는 계기를 가질 수도 있다고 본다.

그 예를 한두 가지만 들어보기로 한다. 우리 민족의 미풍(美風)을 소재로 한 <서로 돕고 살자는 약속>과 <품앗이의 지혜>란 작품을 각각 읽은 6학년 어린이들은 그 소감을 '독서우편엽서' 형식으로 다음과 같이 써내고 있다.

(…) 지금은 옛날보다는 자기 이익만 생각하는 사람이 많이 늘어난 것 같다. 나쁜 일들만 우리 주위에 맴도는데 지금 생각해보면 옛날보다

---

9) 이재철, <개고판 아동문학개론> 2판; 서울: 서문당, 1984, 23-24쪽.

는 생활하기가 편하지만 옛날에는 이웃 간에 깊은 정이 오고 갔다는 걸 이 책을 통해 읽고 많은 것을 느끼게 되었다.(…)

(…) 우린 요즘 서로 돕지 않는 것 같다. 서로 돕고 지내면 서로에게 이익이 갈 텐데 말이야. 옛날 사람들은 서로 돕고 살아서 많은 일도 쉽고 즐겁게 할 수 있었대.(…) 10)

이와 같이 이 글을 쓴 아동은 작품 내용을 오늘에 비춰보고서 옛날 우리 미풍의 좋은 점을 깨닫는다. 그리고 그에 공감하는 심정을 진솔하게 드러냄으로써, 우리 민족에 대한 애정과 더불어 민족 고유의 이상을 지향하는 면모를 엿보이게 한다.

끝으로, 우리 옛 민족문화의 산실인 고도(古都), 경주 토함산 등반을 소재로 하여 쓴 정호승의 산문 동시, '석굴암을 오르는 영희'를 통해서 아이들로 하여금 민족적 이상에 공감하고 그를 추구하는 경지에 이르게 할 가능성을 가늠해보고자 한다.

이른 새벽 석굴암을 오르는 영희의 맑은 눈 속에 해가 솟읍니다. 붉고 둥근 동해의 해가 영희의 눈 속에서 솟아 오릅니다. 토함산 풀잎에 도록도록 굴러내리는 이슬방울이 영희의 코고무신에 부서지고, 지난 밤 산기슭으로 떨어진 별들이 지금 막 새벽 하늘로 떠오릅니다. (…)
(…) 수줍은 산딸기 빼시시 고개 돌리고, 영희는 지금 선화공주의 따스한 손을 잡고 오릅니다. 먼 옛날 아이들의 목소리가 토함산 계곡 약수물 소리처럼 들리고, 산나물 캐던 산색시 치마자락 끄는 소리가 들려 옵니다. (…)
(…) 영희는 옷을 털고 햇살을 털고, 환히 촛불을 밝힙니다.(…) 돌아가신 엄마의 고운 얼굴이 부처님 밝은 웃음 속에 떠오릅니다. 연꽃 피어나는 소리 같은 엄마의 목소리가 들려옵니다. 엄마야, 엄마야, 영희

---

10) 허덕희, 전게서, 144-145쪽.

는 푸른 동해를 펼쳐논 석굴암 보살님 보드라운 치마폭에 폭 안깁니다.
-정호승작 '석굴암을 오르는 영희'-

이 시 속의 주인공, 영희는 토함산을 오르면서 떠오르는 해와 풀잎의 이슬로 상징되는 자연 속에 동화되어 들어간다. 그리고 우리 전래 민담 속의 선화공주와 동행하며 먼 옛날 아이들과 산색시로 상징되는 우리 선조들을 마음으로 가까이 느낀다. 그리하여 마음의 정서를 촛불처럼 환히 켜놓은 영희는 돌아가신 엄마로 상징되는 바, 잃어버렸던 가장 귀하고 사랑스런 존재를 석굴암 돌부처의 밝은 웃음 가운데에서 찾아내고, 그에 빠져든다는 뜻을 '보드라운 치마폭에 안긴다' 는 표현으로 상징하고 있다. 곧, 우리의 주인공은 우리 옛문화의 자취가 담긴 토함산을 오르며 자연과 우리 선조들의 세계와 동화해들어가는 정경을 표현한 것이다. 이 때, 이 주인공이 몰입하는 대상으로 제시되는 것이 바로 선화공주로 상징되는 바, 우리 민족의 문화가 아름답게 향기를 발하던 당시의 세계다. 교사는 바로 이때 아동들의 그 세계에 대한 향수와 애틋한 정서를 바탕으로, 그 세계가 머금은 우리 민족의 정서와 이상을 어렵지 않게 아동들의 마음 속에 깊이 심어줄 수 있는 계기를 얻을 수 있다고 본다.


## 5. 맺음말

지금까지 아동문학이 아동의 정서적 고양과 가치관 함양에 기여하는 면을 아동의 인격형성의 주된 범주로 보고, 이를 정서적 안정감, 사회적 관계 증진을 통한 사회성 계발, 민족애와 민족 이상 고취 등의 덕목으로 세분하여 살펴보았다. 그리고 아동문학 작품은 그 자체의 특성상 이 모든 것들에 대하여 충분히 긍정적인 영향을 끼치는 것으로 보았다.

문제는 이런 영향력의 발휘 정도는 바로 아동문학 작품을 아동들에게 어떻게 골라서, 어떤 분위기로, 어떻게 감상하도록 하느냐 하는 교사의 능력과 안목에 달려있다는 것이다. 그리고 교사로 하여금 이런 안목과 능력을 충분히 발휘할 수 있도록 교실의 여건과 분위기를 조성해주는 학교사회의 전반적인 형편이 큰 몫을 한다는 것이다.

이런 형편이 전보다 호전되고 교사가 좀 더 자유롭게 그들의 능력과 안목을 발휘함으로써, 지금까지 가늠해보았던 아동문학의 효용성이 십분 실현되어 아동의 인격형성에 큰 몫을 할 수 있기를 바라면서 이글을 마친다.

## 참고문헌

김광웅, 방은영, <兒童發達>, 3판; 서울: 형설출판사, 1994.

김제한, <현대교육학총서 28 : 발달심리학>, 학문사, 1990.

김희경, <명작동화의 매력>, 3판; 서울: 교문사, 1994.

신헌재, '아동문학이 어린이에게 미치는 영향', <한국아동문학> 제13호, 1997, 한국
    아동문학인협회.

이재철, <개고판 아동문학개론>, 2판; 서울: 서문당, 1984.

이재철, <한국현대아동문학사>, 일지사, 1978.

허덕희, <어린이 독서교육>, 인간과자연사, 1999.

# 문학교육의 위상(位相)과 지향점(指向點)

## 1. 서론

그동안, 우리나라에는 웬만한 4년제 대학 치고 국어국문학과가 없는 곳이 거의 없었다. 그리고 이곳을 지망하는 자들 중에는 어린 시절과 사춘기를 지나면서 문학작품에 도취되어 한번쯤 문학가 지망생을 꿈꾼 이들이 적잖았다. 더더욱이 사범 대학에서 국어교육을 전공하거나 그곳을 나와 중등 국어 교사가 된 이들 가운데는 이런 경향이 더 짙었다. 그리하여 문인들 중에는 교직에 몸담고 있거나 몸을 담았던 이들이 상당수 있어서 '교단작가'라는 용어까지 생겼던 것이다. 이런 문학을 좋아하는 교사들이 교단에서 국어를 가르치다보니, 가뜩이나 꿈많은 어린이와 사춘기 아이들 사이에 문학애호가나 문학가 지망생들이 끊임없이 이어져 올 수 있었던 것이다.

이런 그동안의 현상을 두고 혹자는 우리나라 고래의 문치주의(文治主義) 전통의 발로로서, 최근세의 암울했던 우리나라 역사는 바로 이런 전통이 우리 민족을 문약에 빠뜨리게 한 결과라고 보며 부정적인 시선으로 바라볼지도 모른다. 그리고 혹자는 첨단 과학문명이 급속도로 발달한

21세기를 적응하며 살아갈 사람들에게 기존의 그런 분위기와 전통은 한물 간 것이며 폐기처분의 대상이 되었으니, 이를 제거하거나 쇄신해야 함이 마땅하다고 보기도 할 것이다.

그러나, 현대 문명이 급속도로 발전해가는 과정에서 인간 관계와 대자연 관계가 점차 각박해져 가는 현 세태를 돌아 볼 때, 많은 이들이 이 삭막하고 여유 없는 현대의 메마름을 보완해 줄 그 무엇이 필요하다는데에 공감을 할 것이다. 그런 각박한 현실에 대한 대응으로써, 앞서 기술한 우리나라 기존의 전통적 현상이 현대인들에게 새삼 긍정적인 것으로 비쳐질 여지가 생겨날 수 있다고 본다.

본고는 바로 이런 입장에서, 우선 문학작품이 문학교육을 통해 우리 아동과 청소년들에게 어떤 영향을 줄 수 있는지 가늠해보고자 한다. 그리고 이를 바탕으로 과연 우리나라 국어교육계에서는 문학과 문학교육이 차지할 만한 비중을 온전히 부여하고, 이를 실현하고 있는가 짚어보고자 한다. 그리하여 우리 교육 현장에서 차지해야할 문학영역의 입지점을 재점검하고 이를 활성화시킬 방안을 모색하기 위하여, 이 글을 그 출발점으로 삼고자 한다.


## 2. 문학작품이 주는 힘

문학작품 속에는 우리 마음을 움직이는 요소가 있다. 인간이 성장하는 과정에서 어떤 문학작품을 접하고서 그 이후의 생애를 좌우할 만한 영향을 받았다는 류의 크고 작은 경험담들을 우리는 주위에서 어렵지 않게 듣는다. 서두에 거론한 바, 우리나라 인문대학의 국어국문학과 전공 대학생이나 중등 국어과교사들 사이에 보이는 문학애호 현상 이야기도, 따지고 보면 사춘기 나이에 문학의 강력한 힘에 압도된 경험을 해보았던 젊은이들에 대한 이야기이다. 이렇게 사람의 마음을 움직이고 생애를 좌우하게 하는 강력한 힘이 문학작품 속에 존재한다는 인식은 논리적인 해석에서보다는 대체로 자신의 체험이나 이웃의 경험들을 통해서 나오고 있다.

그런데 고대에는 글자와 그것이 가리키는 대상을 구분하지 못하는 사고의 단순성 때문인지, 고대인들은 글 속에 담긴 주술 대상을 지칭하는 어구들이 바로 그 문학작품으로 하여금 그런 신비한 힘을 발휘하게 한다고 생각하는 경향을 보인다. 그런 주술신앙(呪術信仰) 적인 문학관의 면모와 그 예들은 우리나라 고대의 무가(巫歌)적 성격을 띤 상대가요(上代歌謠)와 초기 향가(鄕歌)들의 작품세계 속에서 쉽게 찾아 볼 수 있다. 한편 고대 희랍 이후에는 뮤즈와 같은 시와 노래의 신들이 특수한 작가들 마음에 들어와서 그런 작품을 낳게 했다고 보기도 한다. 문학작품이 품고 있는 힘의 근원을 나름대로 설명하는 고대인들의 소박한 사고방식을 엿볼수 있는 부분이다.

중세시대 이후 낭만주의시대에는 탁월한 작가의 성품과 창조적 재능에 초점을 두고 거기에서 그 힘의 근원을 찾기도 한다. 그러다가 근대 이후 소위 리얼리즘 시대에 이르러서는 이 시대와 사회의 중심 경향을 이루는 핵심 요소들 자체에 비중을 둔 뒤, 이 요소들이 재능 있는 작가를 통해 묘파됨으로 해서 그 작품의 가치와 위력을 담보할 수 있다고 좀 더 구체적으로 문학작품의 형성에 대하여 설명한다.

이와 같이 문학이 갖는 힘의 근원을 작가에게서도 찾아보고, 작품을 낳은 그 시대의 핵심세력에게서도 찾아보려고 하지만, 좀 더 객관성을 띤 합리적인 설명을 하려고 할 때는 한계를 보인다. 그러다가 20세기초 구조주의 영향 아래 신비평이론(新批評理論)이 득세하면서, 문학작품의 미학 구조 자체에서 그 미학적 힘의 근원을 구할 때, 좀 더 객관적이고 합리적인 설명을 할 수 있을 것으로 기대해보지만 거기서도 문제점은 발견된다. 곧, 피상적인 형식미는 분석해낼 수 있었을지 몰라도 독자의 심금을 울리는 문학작품에 내재한 힘에 대하여는 타당한 설명을 하지 못했던 것이다.

그러다가 볼프강 이저(w. Iser) 등이 수용 미학(受容美學)을 들고 나오고, 이어서 미국의 로센블렛(L. M. Rosenblatt) 등이 독자 반응이론(Reader Response Theory)을 제기하면서부터는, 문학 작품 그 자체보다 그것을 읽는 독자 자신에게 관심의 초점을 두고, 독자의 읽는 행위 속에서 문학의 힘의 근원을 찾고자 하는 경향으로 바뀐다. 이런 독자 중심의 문학 이론은 같은 작품을 읽고도 왜 독자들에 따라 반응이 다양한지 그 이유를 설명할 수 있으며, 특히 학습자의 특성과 발달 수준에 맞게 문학작품의 독서지도를 연구하는 입장에서는 주요 관심의 대상이 될 수밖에 없는 분야이다.

따라서 본고에서는 독자 반응이론(讀者反應理論)의 요체를 잠깐 일별한 뒤에, 이 관점에서 문학작품이 갖는 힘의 근원과 그 영향력에 대해서 살펴보고자 한다.

독자 반응 이론의 요체는 한마디로 독자들이 문학 작품과의 교류(transaction)를 통해서 형성된 반응을 강조하는 설명 방식으로서, 문학 텍스트 내에 고정된 의미가 존재한다고 보고 그 형식적 특성을 객관적으로 분석하려는 신비평이론과 대조가 되는 이론이다. 로센블렛(1978)과 그 추종자들이 제시한 이 이론의 근간이 되는 점을 간추려 말하면 다음과 같다.

첫째, 독자는 단지 텍스트의 의미를 수동적으로 받아들이는 것이 아니라, 텍스트와의 교류(交流)를 통해 의미를 창조한다고 가정한다. 즉 텍스트는 독자에게 언어 상징·내용을 전달하고, 독자는 자신의 경험·생각 등을 텍스트에 부어넣는 교류의 과정 속에서 새로운 의미가 창출된다. 따라서 문학의 독서활동에서 독자의 주체성이 강조된다.

둘째, 독서에는 원심적(efferent) 교류 방식과 심미적(aesthetic) 교류 방식의 두 유형이 있다. 원심적 독서는 독자가 신문이나, 약 처방, 역사책을 읽을 때처럼 정보 획득이나 문제의 논리적 해석에 주의를 한다. 이에 비해 심미적 독서는 독자가 소설이나 시, 희곡 등을 읽을 때처럼 관심의 초점이 자신의 내부로 이동하며 실제 독서하는 동안 자기 내면 속에 재창조되는 것에 주의를 기울인다.

셋째, 독자는 텍스트와 교류하는 과정에서, 그 텍스트가 자신에게 불러 일으키는 환기(evocation)내용에 대하여 나름대로 반응(response)한다. 여기서 환기와 반응의 개념이 구분되는데, 환기는 독자가 텍스트와 심미적인 교류를 하는 동안 자신의 언어적, 문학적, 삶의 경험으로부터 아이디어, 감각, 느낌, 이미지를 선택하여 새롭게 경험하는 과정을 말한다. 그리고 반응은 독자가 심미적 교류를 하는 동안이나 그 후에 생성되는 것으로, 텍스트의 경험에 참여하고, 작중 인물과 동일시(同一視)하거나 그들에 대한 갈등과 느낌을 나누는 독자의 감정과 복잡한 인식 작용 일체를 가리킨다. 독자들은 이 반응의 일환으로, 때로 많은 상상적 이미지(envisionment)를 갖게 되는데, 이는 독서하는 과정에서 계속 변화하기 마련이다.

이상의 독자 반응이론이 강조하는 바는 문학 작품이 주는 힘이 문학 작품 자체에만 내재한 것도, 독자 스스로의 자질에만 있는 것도 아니고, 독자가 작품을 읽어가는 과정, 곧 독자와 작품이 서로 교류하는 과정에서 그 힘이 생성된다고 보는 것이다. 여기서 강조되는 바는 독자가 주체적으로 작품을 읽어가는 과정 그 자체에 있다. 문학 작품이 주는 힘은 바로 작품을 읽는 이 과정 자체에서 생겨나기 때문이라는 것이다. 그런데 이러한 읽기 과정은 독자가 어떤 텍스트를 어떤 관점에서 읽느냐에 따라 원심적 읽기와 심미적 읽기로 양분되어지며, 그 가운데 문학교육에서 관심을 두는 바는 바로 심미적 읽기이다. 곧, 문학 작품들을 읽으면서 거기 문학적 세계에 몰입하여 나름대로 의미를 재구성해나감으로써 내면화 과정을 심화시켜 가는 것이다. 이때 내면화(內面化) 과정을 로센블렛은 환기(喚起)와 반응(反應)이라고 하는 상호 연계성을 지닌 두 단계로 세분하여 설명하고 있다. 여기서 환기란 독자가 텍스트와 교류하는 과정 곧, 독서 과정에서 자기 마음 속에 의미를 재구성해가는 과정을 말하고, 반응은 이 교류과정과 그 결과로 체득된 인식 작용 일체를 가리킨다.

이제 독자 반응이론의 관점에서, 문학작품이 지니는 힘의 근원과 그 영향력을 살펴보도록 한다.

갈다(L.Galda)는 독자반응이론의 관점에서 문학작품이 주는 힘을 아예 문학작품 읽기(reading literature)가 본디 갖는 잠재력[1]이라고 지칭하면서, 이 심미적 읽기 행위야말로 예측불가능성과 복잡성과 더불어 강력한 힘을 지닌 것이라고 말하고 있다. 곧, 문학이 주는 힘의 근원을 바로 이 심미적 읽기 행위 자체에서 찾고 있는 셈이다. 그러면서 그는 이 심미적 읽기의 특징을 교류적(transaction)이고, 시간적이고, 사회적이며, 문화적이라고 분석하면서 그 각각을 다음과 같이 설명하고 있다.

우선, 교류적이란 말은 로젠블렛의 독자반응이론에서 주요 개념으로 사용한 용어로서, 심미적 읽기란 문학 작품에 담긴 어구들을 독자가 자기 경험과 지식을 첨가시켜 재구성한 의미들로 탈바꿈해가는 주체적 행위라고 보는 것이다. 그리고 가상의 문학의 세계를 자신의 삶과 견주어 반추함으로써, 자신과 이웃의 삶에 대한 통찰력을 기르는 계기도 가질 수 있다는 점에서 그 의의를 밝히고 있다.

둘째, 시간적이란 특징은 이 읽기 행위로 하여금 일종의 여행으로 비유하여 설명하게 할 만한 면이 있다는 것이다. 그리하여, 이 읽기를 통해 독자는 담화욕(narrative lust)에 끌려서 서사작품에 나오는 인물에 동일시하고, 사건의 진행과정에서 독자의 경험을 바탕으로 한 가상적 경험을 만들고, 예상행동도 그려보면서 서사작품을 끝까지 읽어가는 마음속의

---

1) T.T. Raphael and K.H. Au ed. *Literature-Based Instruction: Reshaping the Curriculum*, (Christopher-Gordon Publishers, Inc.,1998), p.1

여행을 하는 셈이라는 것이다.

셋째, 사회적이고 문화적인 특성이란, 독자가 책을 읽으면서 구성해내는 의미들이 바로 독자의 사회적·문화적으로 제한된 경험들을 원료로 해서 빚어지는 것이기에 생기게 마련이라는 것이다. 그리고 문학을 이루는 언어 자체도 사회적·문화적으로 구성된 체제를 지니고 있기에 더욱 그렇다는 것이다. 이런 특성을 바탕으로 하여, 우리의 실제 삶에서 얻은 경험과 문학 작품에서 얻은 경험은 상호 간에 영향을 주며 불가분의 관계를 갖는다고 말한다. 그리하여 심미적 읽기는 우리 삶과의 관련 속에서 의미 부여되는 구성주의적이고, 상호텍스트적인 활동이라고까지 개념을 확장시키고 있다(Galda, 1998: 3).

결국, 심미적 읽기는 갈다의 언급 대로, 독자가 자신의 경험을 바탕으로 하여 주체적으로 의미를 재구성하는 마음의 여행이요, 창조적 활동이라고 할 만하다.

심미적 읽기의 개념을 이렇게 확대하면서 갈다(L. Galda)는, 심미적 읽기 텍스트가 독자의 삶을 한정 짓고 형상화한다고 한 브리튼(J. Britton, 1970)의 말을 빌어서 그 기능과 의의를 더욱 강조해나가고 있다. 곧, 일반 독서가 단어를 의미로 바꾸는 일을 한다면, 심미적 읽기는 독자들의 평범한 일상의 경험들을 보다 가치로운 의미들로 변형시키는 일을 한다는 것이다. 왜냐하면 독자들은 창조적 세계를 펼치는 문학 작품을 심미적으로 읽을 때에야 비로소, 거기서 단순히 그들 자신의 경험 세계를 구축하는 데만 그치지 않고, 그 작품에 표현된 정서, 태도, 가치들을 음미하고 판단하면서 자기 나름의 가치 체계를 구성해가기 때문이라는 것이다. 이와 같이 심미적 읽기는 독자로 하여금 스스로의 삶과 가치 체계까지 변형하고 일신시켜 가는 그런 힘을 누릴 수 있게 한다는 것이다.

갈다(1998: 4)는 이런 심미적 읽기를 할 때에 문학 작품의 구실은 다름 아닌 '거울'과 '유리창'이라는 말로 비유하여 설명하고자 하였다. 여기서 거울이란 작품이 독자 자신의 삶을 좀 더 명확하게 볼 수 있도록 도와주는 구실을 한다는 점을 은유한 말이고, 유리창이란 문학작품이 이웃의 다양한 삶을 관조하는 안목을 갖게 해준다는 뜻의 메타포이다. 독자는 이런 거울과 유리창의 구실을 하는 문학작품을 심미적으로 읽음으로써, 자신의 삶을 의미롭게 재구성하고, 인간의 보편적인 삶을 좀 더 잘 이해하는 통찰력과 같은 힘을 얻어낼 수 있다는 것이다.

이상에서 살펴보았 듯이 문학이 갖는 '거울과 유리창'과 같은 구실과 거기서 나오는 힘이야말로 문학을 교육의 대상으로 삼는 이들을 고무하는 견인력(牽引力)이 수 있다. 이런 문학이 주는 힘은 우리 학교 교육에서 십분 발휘시키고자 하는 문학 교육의 목적이 됨과 동시에 문학 교육의 당위성을 설명해 준다. 그러면 과연 우리 교육현장에서 문학교육은 이런 힘을 제대로 발휘할 만한 여건 속에서 온당한 대접을 받고 있는가? 학교 교육에서 문학교육은 과연 어떤 위상을 갖고 있는가?


## 3. 문학교육이 학교 교육에서 갖는 위상(位相)

우리나라 학교 교육에서 문학교육이 갖는 위상을 살펴보는 데는 기존에 나온 문서로서의 교육과정과 편찬된 국어 교과서들을 꼼꼼히 분석하여서 교육과정의 이해 속에서 객관적이고도 귀납적으로 추출해내는 방법이 있다. 또는 이 교육과정과 교과서 편찬에 직 간접으로 관여했거나 영향을 준 바 있는 이 방면의 전문가들이 어떤 국어교육관과 문학교육관을 갖고 있는지 살펴서, 문학영역이 국어교육 내에서 차지하는 의미와 비중을 추출해내는 방법도 있다. 후자의 방법은 비록 원론적 담론이 갖는 공소한 점이 없지 않지만, 국어교육 전체에서 문학이 갖는 위상을 조감하는데 있어 핵심을 놓치지 않으면서 그 배경과 추이(推移)까지도 살펴볼 수 있게 한다는 점에서 장점도 있다고 보기에, 본고에서는 이 후자의 방법을 따르기로 한다. 그리고 구체적으로는 심영택(2000)의 글을 통해서 우리 국어교육에서 차지하는 문학교육의 위상과 그 변모과정을 살펴보고 문제점을 짚어 보고자 한다.

심영택은 국어교육 전체에서 문학이 차지하는 비중에 따라 문학관을 비교적 치밀하게 세분하고 있다. 그는 우선 우리나라 4차 이후 7차까지의 국어과 교육과정 제정에 직·간접으로 관여한 사계 전문가, 10명의 저서를 선별하고, 거기에 담긴 국어교육관을 살펴서 10개의 관점들을 추출해 내었다. 그리고 여기에 녹아있는 문학교육관을 정립관(鼎立觀), 배제관(排除觀), 보조관(補助觀), 통합관(統合觀), 중심관(中心觀) 등으로 분석 정리해내는 작업을 하였다. 이는 문학교육관 각각의 배경과 서로간의 차이점을 살펴서 비교적 정치하게 분석해놓은 설득력있는 작업이었다고 본다.

이 작업의 특징을 살펴보면 다음과 같다. 심영택은 우선, 국어교육 전체의 목표·내용과 문학교육의 목표·내용, 이 둘 사이의 대척(對蹠)여부와 포함의 정도 여부로 구분하고 있고, 포함관계는 다시 주종관계냐, 대등관계냐에 따라 세분하고 있다. 이때 주종과 대등관계 여부를 따지는 대상 주체는 처음에는 국어교육과 문학교육의 목표·내용이었다가 차츰 이를 더 깊여 들어가서 다음 두가지 요소로 변하는 면도 보이는데, 하나는 언어 사용기능 내지 방법적인 지식 요소이고, 또 하나는 언어와 문학적 지식 요소이다.

4차 교육과정 때처럼 그 언어 사용기능과 언어 지식 및 문학적 지식을 대등한 관계로 두었을 때의 문학관이 '정립관'이라면, 5차 교육과정 이후처럼 언어 사용기능을 강조하며 이를 중심에 두고 언어·문학적 지식을 방편으로 치부할 때의 문학관은 '보조관'이라고 하겠다. 그리고 언어 사용기능과 문학감상 영역은 상존할 수 없는 것이라며 대척적인 관계로 본 것이 '배제관'이라면, 포함관계 중, 주종관계를 대변한 것이 '통합관'과 '중심관'이라고 하겠다. 곧, 언어사용의 기능과 체계를 중심에 두고 문학을 종속시킨 것이 '문학교육 통합관'이라면, 문학교육을 중심으로 언어사용의 내용과 원리를 그 안에 포용한 것이 '문학교육 중심관'이다.

이상의 심영택의 글에서 취할 점은, 국어교육 전체와 문학교육 사이의 역학관계를 면밀히 살펴서 문학교육의 위상을 어느 정도 밝히고 있다는 점이다. 그리고 4차 교육과정을 제정할 때, 문학을 국어교육의 주요 대상의 하나로 인식하며 자리 잡아 가려는 모습을 보이다가, 언어사용 능력을 중시하기 비롯한 5, 6차 교육과정기에 이르러, 문학교육의 정체성에 대한 다소의 갈등을 겪어가던 그동안의 추이과정도 찾아볼 수 있게 해주었다.

그런데 여기서 재고할 점은 이 다섯 가지 문학교육관의 구분 기준에 관한 문제다. 앞서와 같이 단순히 국어교육과 문학교육 간의 역학 관계를 따져서 문학관을 구분하기보다는, 문학을 보는 관점이 어떠하며, 문학교육에서 중시해야할 바를 무엇으로 보느냐 하는 경향에 초점을 두고서 구분 기준을 잡아야 더 타당하지 않겠는가 하는 것이다.

예컨대, 문학관의 추이도 다음과 같이 설명하면 어떨까?

4차, 5차 교육과정기 때까지만 해도 문학에서 중시하는 바는 신비평이론에서 온 객관적인 장르이론과 지식들이었고, 문학교육에서도 이런 문학적 관점에 더하여 문학적 지식을 바탕으로 분석하고 감상하는 일을 중시했다. 이것은 그 이전까지 교훈주의 일변도로 문학교육을 기획·운영하던 것에 비해서는 진일보한 면이 있다.

4차 교육과정기에 처음으로 국어교육의 독자성을 확보하기 위한 일환으로 문학영역을 독립시킬 때에, 언어지식과 대등한 관점에서 문학영역을 쉽게 독립시킬 수 있었던 것도 바로 이 신비평이론 입장에서 문학적 지식을 언어적 지식과 대가 되는 존재로서 염두에 두었기 때문이라고 본다. 국어교육 전문가들도 바로 이렇게 문학을 언어지식과 대등한 하나의 지식으로 간주하는 지식 중심의 문학교육관을 어느 정도 지니고 있었기에, 언어 사용기능을 강조하던 5차 교육과정 이후에는 때로 문학 영역이 배제 대상이 되어야한다는 주장도 나왔다. 그리고 때로는 문학을 하나의 보조적 지식 기반이라는 수단으로 쉽게 치부하는 보조관이 나올 수도 있었던 것이다. 그러다가 문학이론과 문학교육이 신비평 이론을 극복하고 좀 더 새로운 차원으로 나오면서부터, 이를 바탕으로 통합관과 중심관이 나오기에 이르렀다고 설명할 수도 있는 것이다.

이런 관점에서 보면, 통합관과 중심관은 문학과 문학교육을 바라보는 전망과 그 깊이면에서 기존의 다른 관점보다 한발 앞선 것이라고 할 수 있다. 그러나 이 두 문학교육관도 그동안 온축된 문학 및 문학교육이론을 토대로 하여 검증 연구를 거치면서 커나온 것이라기보다는, 90년대 이후, 국어교육에서 대립하던 바, 언어 사용기능 중시 대 문학감상 중시 사이의 갈등에서 온 산물이요, 단지 선언적 의미 이상이 아닐 수 있다는 한계점이 있다. 그리고 문학교육 통합관 경우도, 기술해놓은 일부 내용들을 살펴볼 때, 만일 앞서 우리가 살펴본 심미적 읽기를 통한 문학교육의 힘을 인식했더라면 문학교육 전반적인 것을 그렇게 쉽게 국어교육의 일반적인 체제 속에 잡아 둘 수 있었을까 하는 의구심을 가져볼 만하다. 통합관은 물론 중심관에서도 앞서 우리가 살펴본 바, 독자반응이론을 토대로 하여, 독자 입장에서 문학작품을 가지고 심미적 읽기를 했을 때 기대할 수 있는 문학의 힘을, 충분히 인식하지 못한 한계를 가지고 있다.

이런 인식의 미흡은 국어교육에서 문학교육의 위상과 그 교육적 가능성을 제한시키는 것으로 작용할 수 있다. 비록 7차 교육과정에 와서는 학습자를 중시하여 그들의 특성과 수준에 따른 교육과정을 제정하고 교과서도 편찬하는 등 제도적인 기본 틀을 마련하고자 하는 의욕은 보였으나, 정작 제시된 내용들을 보면 교육 현장에서의 여러 가지 물리적 한계 외에도 학습자 중시에 관한 인식의 미흡으로 인하여 아직 기대에 부응할 만한 것이 되지 못하고 있는 실정이다. 마찬가지로 문학교육에서도 비록 의욕 있는 일부 교사들이 '열린 교육'이란 이름으로, 학습자의 반응 양상을 토대로 한 문학 수업을 산발적으로 시도하고는 있으나2), 이를 지속적으로 종합하고 정리하여 문학교육을 체계화하려는 의지나 제도적인 장치가 현재 별로 보이지 않는 실정이다. 그리고 이런 교육 현장의 현실이 이어져 온 이유는 독자 중심의 심미적 읽기를 통한 문학의 힘에 대한 인식의 미흡이 있기 때문이라고 본다.

결국 우리나라 국어교육에서 문학교육의 위상을 돌아 볼 때, 앞서 서술한 문학의 힘을 십분 발휘할 수 있는 분위기나 제도적인 장치도 아직 충분히 마련되지 못했음을 알 수 있다. 다만 문학교육의 보조관적 입장에서 문학 작품이 여전히 읽기교육의 주요 수단으로서 그 의의를 인정받는 정도이고, 그 이상의 문학작품이 줄 수 있는 큰 힘을 발휘하도록 조장시킬 여건이 갖춰지지 못한 채, 문학의 그런 가능성을 배태한 문학교육을 제대로 대접할 준비도, 분위기도 되어있지 못한 실정이라고 하겠다.


## 4. 문학교육의 지향점(指向點)

흔히 문학교육의 이상론을 펴는 자리에서는 우선, 문학이 우리 학생들에게 줄 만한 가치와 영향력을 충분히 인지시키는 일로부터 출발한다. 그리고나서 어떻게 하면 이 문학의 가치와 영향력을 학교 교실에서 학습자들에게 구현시킬 수 있도록 만드느냐 하는 방법론적인 문제를 피력해나

---

2) 이 연구는 교사 재교육 차원의 교육대학원 석사 학위 논문 가운데와 현장 연구보고서들 가운데에서 그 좋은 예들을 찾아볼 수 있다. 그중 한두 가지만 예를 들어 보인다.
　Cf) - 김홍이, 초등학교 학습자 중심 시 감상 학습 방법 연구, 석사 학위 논문(한국교원대 대학원, 2000. 8)
　- 진선희, 아동의 주체적 반응 활동 조장을 통한 시 감상 능력 신장 연구, 현장보고서(대구 교육청 산하 효명초등학교, 1998)

가는 순서를 밟는다.3) 그런데 문학의 영향력이란 결코 문학작품 자체에만 한정되어 있는 것이 아니라, 독자 입장에서 문학에 어떻게 접근하느냐 하는 방법론적인 것과 불가분의 관계에 놓여있다는 것이 필자의 입장이기 때문에 여기서는 위 두 가지를 하나로 합하여 다루고자 한다.

문학교육을 제대로 하기 위한 지향점을 말하려면, 그에 앞서 기존의 문학교육 현상에서 보이는 문제점을 지적할 필요가 있다. 그리고 이를 개선해 나가고자 하는 모색 단계에서 지향점을 제시하는 것이 적절한 기술 방식이라고 하겠다.

우선, 문학의 가치와 영향력에 관해서는, 앞서 학습자가 주체가 되는 심미적 읽기를 통하여 극대화시킬 수 있는 여지가 있음을 살펴본 바 있다. 곧, 문학작품은 독자 스스로를 반성하게 하는 '거울'과, 이웃의 삶을 잘 통찰하게 해주는 '유리창'의 구실을 하고 있는데, 독자인 학습자가 이런 문학작품의 구실을 제대로 체득하고 그 영향력을 충분히 맛보려면 바로 이 심미적 읽기 행위를 통해서만이 가능하다고 보았다. 그리고 거기서 독자는 예측 불가능한 강력한 힘을 얻을 수 있다는 점을 언급한 바 있다.

그런데 여기서 우려되는 점은, 전문가들이 교육과정을 짜고 교재를 구성하는 동안, 기존의 다소 고답적인 잣대를 가지고 이 문학교육을 그 틀 속에 넣을 소지가 있다는 것이다. 그리하여, 문학이 지닌 그 강력한 힘을 십분 발휘하지 못하게 제한할 가능성이 있다는 점이다. 대체로 기존

---

3) 이런 '내용'과 '방법'이라는 2분법적인 사고방식은 사범대학의 모든 교과교육의 교육과정 체제 속에서도 잘 드러나 있다. 먼저 그 교과에서 가르칠 내용을 다루는 강의과목들이 나열되고, 이어서 이를 학생들에게 전달할 방법론을 다룰 과목들이 이어진다. 하긴 이 가운데 전자가 그를 뒷받침하는 내용학문의 위세로 힘을 발휘하는 반면, 후자는 그런 배경학문의 힘이 딸려서 늘 뒷전에 쳐지고 때로는 유명무실한 지경에 놓인 경우도 있다. 하지만 그래도 '교과내용학', '교과교육학'이라는 구조로 사범대학의 교육과정이 짜여져 운영되고 있다. 그러나 이런 교육과정 체제와 운영 방식은, 학습자의 주체성을 존중하는 구성주의적 입장에서 볼 때, 재고할 여지가 많다고 본다.

의 잣대들은 문학교육에서 문학작품 자체와 그것을 해설한 권위자들의 견해에 기초를 둔 전통적인 미학적·교훈적 가치관 위주로 제한되기 십상이다. 그리하여 문학을 감상하는 중심 자리에 정작, 이해·감상의 주체인 독자로서의 학습자로 하여금 주체적으로 설 자리를 갖지 못하게 할 여지가 있다는 것이다. 이것은 또한 감상할 대상 작품을 선정하는 과정에서도 생길 수 있는데, 기존의 잣대로 제한된 작품들이 때로 자라나는 학습자들에게는 진부한 것이 될 수 있고, 오히려 그들의 관심과 흥미를 끌고 다양한 생산적인 사고를 촉발하게 하는 작품들은 교육이란 미명의 검열로 차단될 소지도 있다. 또 학생발달수준을 1년 단위로 획일화시켜 계획한 교육과정과 교과서의 체제에 매이다보니 학습자의 다양한 개인차를 무시할 소지도 있다. 그리하여, 문학이 줄 풍부한 영향력에서 학습자들을 소외시키는 결과를 갖고 오기 십상인데, 그 원인은 문학교육을 계획하고 자료를 준비하는 단계에서부터 학습자 중심 입장에 서지 않은 인식의 부재 때문이라고 본다. 그리고 이로 인한 앞서의 우려는 그동안 50년대 이후 계속 교육과정을 짜고 교과서를 만들어온 우리나라 교육계에서 보아왔던 결과이고, 7차 교육과정이 제정되고 교과서가 편찬되는 지금에 이르러도 여전히 사라지지 않는 문제로 남아있다.

이 문제를 개선할 해결책은 무엇인가? 결국, 문학 교육을 계획하고 준비하는 교육과정이나 교과서를 만들 때, 기존의 문학교육에서 보이는 대한 전통적 관점으로만 재단할 것이 아니라 학습자의 눈높이에 맞는 세밀한 설계가 필요하고 교수학습 내용의 정도나 작품대상의 수준면에서도 1년 단위의 학습자 발달 수준에 너무 융통성 없이 매이지 않도록 현장 교사와 학습자에게 좀 더 많은 재량권을 주어야 할 것이라고 본다.

또 하나 들 만한 문제점은, 소위 문학 교육 보조관 입장에 서 있는 이들에게서 흔히 볼 수 있는 바, 문학 작품을 단순히 읽기 능력 신장의 수단으로서만 치부하고 마는 경향을 들 수 있다.

헤이드(D.M.Hade)는 교사가 수업시간에 문학작품을 다루는 목적을 다음 네 가지로 꼽은 바 있다. 첫째는 읽기 기능을 신장시키는 것이고, 둘째는 문학적 지식을 확대시키는 것이며, 셋째는 자기 통찰력을 계발시켜주는 것이고, 넷째는 사회적 책임감을 함양시켜주는 것이라고 했다(Hade, 1993).

그리하여 문학작품을 가지고 다원적인 목표를 수행할 수 있는데, 문학작품에 접근시킬 때, 이런 목표에만 집착하거나 그 중 한두 가지의 목표에만 초점을 두고 편향되게 지도하다보면 자칫 본래의 문학적 양식이 주는 안목을 갖는 일도 놓치고, 문학 작품이 주는 강력한 영향력을 얻고 누릴 가능성도 놓칠 우려가 있다는 것이다. 물론 문학작품을 다루는데 있어서 작품내용을 학습자들의 삶과 연관하여 서로 말하고, 듣고, 읽고, 쓰는 활동을 하면서 서사적 형태 속에서 언어 사용기능도 익히고, 그 작품세계에 상상적으로 참여하도록 하는 것은 좋은 수업 운영의 예로 들 만하다(Galda, Bisplinghoff & Pellegrini, 1994). 그러나 문학작품을 단지 읽기 기능 신장을 위한 여러 기초 텍스트 가운데 단지 좀 더 매력적인 텍스트 정도로만 삼고, 작품이 주는 힘과 맛을 누리게 하지 않은 채, 수업에서 다만 지치도록 읽기 기능을 철저히 훈련시키는 교재로만 다룬다면 다음 몇가지 점에서 해를 끼칠 수 있음을 언급하였다.

첫째 그 교재는 읽기 기능 훈련을 위한 수단일 뿐으로 여기다보니, 거기서 그 이상으로 얻을 만한 교육과정상의 가치로운 것들을 놓치고 만다는 것이다. 둘째, 더 큰 문제는 독서하는 학생들로 하여금 책에 몰입할 줄 아는 독자가 되도록 학습시키지 못한다는 점이다. 셋째, 읽기 방법은 배우되, 기쁨을 누리며 독서하는 일을 저하시키는 분위기 속에서 학습한다는 점이다. 나아가, 의미를 개인적으로 구성하는 일을 마치 남을 기만하는 행위쯤으로 여기는 그런 분위기 속에서 학습한다는 점이다.

이와 같이 비록 문학작품을 가지고 만들었더라도 미리 방향을 지어주는 질문과 지시로 이뤄진 훈련용 웍북이나, 독자들로 하여금 경험보다 정보 취득 위주 읽기로만 내모는 형태의 책들은, 문학 교육이 추구하는 바, 문학작품을 제대로 감상하면서 거기서 강력한 변용적 경험을 학습자들에게 맛보게 해주려는 의도를 이루지 못하게 한다는 것이다(Galda 1998:5).

결국, 이상의 내용은 우리나라에서 80년대 후반부터 지금까지 문학교육 보조관 입장에 있는 기존의 여러 전문가들이 해온 일들 가운데, 문학을 단지 읽기 기능 훈련용 텍스트 자료 정도로만 치부하거나, 문학적 지식을 단지 텍스트 이해를 위한 보조 수단 정도로만 삼아온 행태에 대하여 그 문제점을 짚어준 것들로 다시금 음미해볼 만한 견해라고 본다.

그리고 이런 문제점을 극복하기 위해서는, 문학작품을 더 이상 제한된 읽기의 세부 목표 구현 수단이라는 울 속에만 가둬놓지 말고, 국어교육현장에서 그 작품을 통해 학습자들이 더욱 풍성한 것들을 얻어낼 수 있도록 해야할 것이다. 그리고 이를 위해서는, 학습자 입장에서 작품을 선택하고 접근할 수 있는 여지를 갖도록 교수·학습 계획과 방법을 열어 놓아야할 것이라고 본다.

그리하여, 앞서 헤이드(D.M.Hade)가 든 바, 문학 교육을 통해 추구할 만한 네 가지 목표를 매달, 매주, 매일의 교육과정 운영에서 균형있게 실현하도록 시도하면서 다음을 도모하도록 권장해야할 것이다. 곧, 심미적 읽기를 권장하되 그것이 제공하는 것이 때로 위험스러울 정도로 강한 힘을 경험할 기회라도 독자에게 허용할 것이며, 독서를 통해 읽고 쓸 줄 아는 능력을 계발하면서 중요한 것은 학습자들로 하여금 계속 더 읽고 싶은 동기를 부여하도록 해야 할 것이다.

궁극적으로는 독서 후의 자발적인 자기 성찰과 대화를 통해 개인반응을 서로 나누고 세련화시키면서, 나아가 타인의 눈을 통해서도 세계를 보는 자세를 기르는 데까지 이르러야 할 것이다.

이럴 때에 문학교육이 지닌 보고(寶庫)와 같은 가치와 힘을 우리 교육현장에 십분 발휘시킴으로써, 문식성(文識性) 교육 중심의 국어교육의 틀을 벗어나 인성교육(人性教育)의 큰 몫을 감당할 만한 교육의 영역으로 확대 심화시켜나갈 수 있다고 본다.

## 5. 결론

지금까지 필자는 문학 작품은 심미적 읽기 방법을 통해 읽도록 할 때, 독자가 지닌 능력을 토대로 우리 인성교육(人性教育)에 큰 힘을 발휘할 수 있는 대상이란 점을 독자반응이론(讀者反應理論)의 관점에서 제시하고, 이어서 그런 큰 영향력을 가진 문학의 가능성에 비해, 우리나라 교육계에서는 아직 문학 교육 보조관적인 입장에서 문학 교육을 그리 크게 대접하지 못하는 실정임을 지적했다. 그리고 문학의 큰 역량을 우리 교육계에서 십분 발휘시키기 위해서는, 국어과의 교육과정과 교과서를 만드는 단계에서부터 교수학습의 단계에 이르기까지, 독자반응이론의 관점에서 교사와 학습자에게 좀 더 많은 재량권과 선택의 여지를 가질 수 있도록 열어놓아야 한다는 점을 언급했다.

필자는 또한 서두에서, 이 글이 문학교육을 좀 더 활성화시켜서 우리 교육 현장에서 문학영역이 제 본연의 입지점을 확보하는 출발점이 되기를 바란다고 언급한 바 있다.

그런데 바로 이 문학교육 활성화와 제 본연의 입지점을 확보하는 일이야말로, 대학강단과 연구실에 있는 이들보다는, 교실에서 직접 학습자에게 문학교육을 담당하는 교사와 학습자들이 주체가 되어야 한다고 본다. 문학교육의 활성화는 일반 연구자들의 고답적인 이야기보다는 실제 현장에서 연구하는 교사들이 문학작품을 읽고 반응하는 학습자의 목소리들을 토대로 개선책을 모색해나가는 주체적인 연구가 있을 때 이룰 수 있다고 보기 때문이다.

본고는 다만 이를 위한 문제 제기를 한 데 그칠 뿐이고, 실제 연구는 이제부터 현장에서 연구하는 교사들이 본격적으로 해야한다고 본다. 다만 필자는 이 글을 통해서, 현장에서 묵묵히 연구하는 교사 제현에게 조금이나마 이 방면 연구에의 동기 부여를 했다면, 그것으로 이 글을 쓴 보람으로 삼고자 한다.

## 참고문헌

심영택(2000) '국어교육관의 양상 연구', 박갑수 외, 《국어표현 · 이해교육》 서울: 집문당.

Britton, J.(1970). *Language and learning*, London: Penguin.

Galda, L.(1998). 'Mirrors and Windows:Reading as Transformation'. Raphael, T.T and Au, K.H. (Eds.), Literature-Based Instruction: Reshaping the Curriculum, ChristopherGordon Publishers,Inc.

Galda L., Bisplinghoff B.S.,& Pellegrini A.D.(1994). 'Sharing Lives: Reading, writing, talking, and living in a first-grade classroom', Language Art, no.72.

Hade, D.M.(1993). 'Books in the classroom: The differences among us', The Horn Book (September/Octomber).

Rosenblatt, L.M.(1978). The reader, the text, the poem, Carbondale, IL: Southern Illinois University Press.

# 학교 문학교육(學校 文學敎育)의 위상(位相)과 지향점(指向點)

## 1. 들어가는 말

그동안 우리 문학교육학회가 이룬 큰 업적 가운데 하나는 누구든지 문학과 함께 살아가기를 바라는, 소위 '문학의 생활화'를 지향하고 추구해 왔다는 점이다. 곧, 문학을 한갓 호사가나 전공자 몇 사람의 애완물로 가둬두지 않고, 어떤 유형의 문학이든지 어린이로부터 일반 대중에 이르기까지 모든 이가 두루 향유하기를 지향함으로써, 문학과 문학교육 연구의 폭과 장을 넓혀놓았다는 점이다. 그리고 문학교육을 단지 학교라는 울타리에 가둬 놓지 않고 일상생활에서 늘 향유할 수 있는 평생교육의 차원으로 그 폭을 확장시켜 놓았다는 점이다.

필자는 이 업적을 크게 기릴 만하다고 보고 문학의 생활화에 전적으로 공감하는 바이다. 그런 한편, 이를 위한 평생교육의 기틀을 다지는 곳이 바로 초·중등 학교 교육이 아닌가 하는 생각이 들면서, 새삼 학교 교육 테두리 안에서의 문학교육도 못지않게 소중하다고 여겨진다. 그리고 이제 우리 학회에서도 다시금 이 방면에 관한 관심을 갖도록 재고해봐야할 때가 오지 않았는가 하는 생각이 든다.

왜냐하면 학교에서의 문학교육이야말로 앞서 언급한 바대로, 문학의 생활화를 지향하는 평생교육의 시발점이요, 기틀을 다지는 곳이라는 점, 그리고 나아가 고등학교에서 중학교로, 초등학교로 내려 갈수록 문학교육이야말로 통합 교육과정 운영의 관점에서 학교 교육의 중심을 이룰 만한 여지를 가지고 있다는 점 때문이다. 그러한 근거로써 필자는 학교에서의 문학교육의 변모된 위상을 우선 7차 국어과 교육과정에 기술된 내용들을 중심으로 살펴보고자 한다. 그리고 이 위상을 바탕으로 한 문학교육의 지향점을 짚어보는 데 본고의 초점을 두고자 한다.

## 2. 7차 교육과정 속에 드러난 문학교육의 위상

우리나라 교육계의 공식적인 문서인 국어과 교육과정이 문학교육을 국어과의 독립된 영역으로 천명하고 강조해온 것은 이미 20년 전부터이다.[1]

그 당시는 학문중심의 국어교육 관점에서 국어와 관련된 주요 학문 가운데 하나인 국문학의 연구 성과를 토대로 교육과정이 운영되었고, 그 성과를 바탕으로 문학교육의 지도내용과 방법을 구성하고 평가하는 경향이었다. 그리고 이 과정에서 주로 문학작품의 구조 분석에 관심을 둔 형식주의 문학이론이 큰 몫을 차지해온 것도 사실이다. 여기서 문학교육의 내용은 문학작품과 거기서 분석해낸 원리와 이론을 포괄해 놓은 정도로 보았기 때문에, 이때의 문학교육의 연구도 자연히 문학연구의 연장선상에 놓인 방법론을 천착하는데만 그치는 정도로 그 위상을 한정

---

1) 공식 문서로서는, 1981년 12월 31일 개정 고시된 제4차 국어과 교육과정기에서 처음으로 문학 영역을 3대 지도 영역의 하나로 제시해놓았다. 이로써 국어과의 독자성을 담보하는 것으로 삼았던 4차 교육과정에서는, 이 문학교육 영역의 강화를 4대 기본 구성 방향의 하나로까지 부각시켜놓았다.

짓는 것이 고작이었다.

그러나 학문중심의 국어교육 관점의 결과물인 이 4차 교육과정은 뒤에, 국어과의 독자성을 담보하는 핵심이 국문학의 업적보다 국어 의사소통 능력에 있다고 보던 소위 능력 중심의 국어교육 관점을 지닌 이들에게 비판의 여지를 주었다. 그리하여, 이 능력 중심의 국어교육 관점에 따라 만든 5차 교육과정 이후에는 국어 교육과정 전체 구조상에서 문학영역의 위상이 상대적으로 위축된 경향을 보여주었다2). 그러나 뒤이어, 문학작품을 감상하는 독자의 주체성을 중시하는 소위 독자반응이론이 우리나라에 소개되기 시작한 6교육과정기와, 7차 교육과정기에 이르러서는, 국어교육에서 문학교육이 차지하는 위상이 국어 교육과정 내용만 보더라도 질적인 면에서는 점차 강화되어가는 면을 보이고 있다. 본 장에서는 바로이 문학교육의 위상이 7차 교육과정기에 들어 어떤 특성을 보이고 있는지를 문학 교육과정에 담긴 내용을 중심으로 살펴보고자 한다.

그동안 문학교육 현장의 풍토는 전통적인 주제 중심의 공리적 문학기능 위주의 접근으로부터 형식주의 이론을 토대로 한 작품 분석 위주의 장르론적 접근으로 바뀌다가, 90년대 이후는 차츰 문학을 하나의 현상으로 보는 넓은 관점과 더불어 작품 감상의 주체인 독자를 중시하는 독자반응비평이론이 서서히 영향력을 지니기 시작했다. 그리하여 90년대 말에 고시된 7차 국어과 교육과정에 이르러는 학습자 중심의 수준별 교육과정이라는 특성에 어울릴 만큼 문학 독자인 학습자 중심의 경향을 더욱 명확히 나타내고 있다.

---

2) 4차 국어 교육과정에서는 문학영역은 표현 · 이해 영역, 언어 영역과 함께 삼분지 일의 비중을 차지했고, 국어교과의 독자성을 확보하는 주요 영역으로 강조되었다. 그러나 '표현 · 이해' 영역 속에 묶여진 말하기, 듣기, 쓰기, 읽기가 각기 독립된 영역으로 나오고 거기에 언어지식과 문학이 첨가되어 6대 영역으로 구성된 5차 국어 교육과정부터는, 문학 영역은 단지 육분지 일의 비중만 차지했다. 그뿐더러 분책된 국어 교재 중 문학 영역은 '읽기' 교재의 서너 단원만 소속되다보니, 4차에 비해 상대적으로 소홀히 취급되는 결과를 낳은 셈이다.

하긴 7차 교육과정의 문학 영역에 관한 진술 가운데는 다음 몇 가지 한계점을 보이기도 한다. 곧, 문학영역의 학년별 내용을 양적으로 대폭 축소한 데다, 내용체계의 종적 위계화나 수준별 위계화 면에서도 이지호의 지적처럼(이지호, 2000: 9-32) 다소 미비한 채 논리성을 확보하지 못한 흠을 보이고 있다.

그러나 이 문학교육의 운영 과정에서는 학교에서의 문학교육의 위상을 부상시키는 데 뒷받침해 줄 만한 다음 몇 가지 취할 점이 교육과정 구조 속에서도 엿볼 수 있다.

첫째, 7차 국어과 교육과정은 학습자 중심의 문학 교육의 이념을 교육과정 상에 분명히 드러내고 있으며, 이런 관점에서 문학 독자인 학습자의 주체적인 반응과 적극적 표현을 크게 강조하고 있다는 점이다.

우선 문학텍스트 자체보다 감상 주체인 학습자를 중시하는 경향은 그 학습자의 정의적 측면을 강조하는 입장에서 문학영역의 내용체계표 상에 학습자의 '문학에 대한 태도'를 독립항으로 신설해 놓은 것으로도 알 수 있다. 그리고 무엇보다 학습자의 주체적인 반응을 장려하는 방향으로 문학 영역의 지도내용이 짜여져 있음을 살펴볼 수 있다.

예컨대 4학년의 지도내용을 보면 '작품의 구성요소를 안다.'라는 인지적 내용 제시로만 그치지 않는다. 이를 바탕으로 '작품의 구성 요소를 통하여 주제를 파악한다.'로, 그리고 '작품의 구성 요소를 창조적으로 재구성한다.' 로까지 그 적용의 폭을 확장시킴으로, 결국 학습자의 주체적인 반응을 강화시켜가는 모습을 그 지도 내용 연계 속에서 엿볼 수 있는 것이다.

이런 주체적인 반응의 강조는 3학년 지도내용인 '작품에 나오는 인물이 되어 본다.'에서나, 6학년의 '작품에 창의적으로 반응한다.' 등에서도 엿볼 수 있다.

이런 학습자의 주체적인 활동의 강조는 바로 학습자의 자기계발 능력과 태도를 중시하는 현 교육의 기초요, 중심에 설 만한 것으로 문학교육의 의의를 부상시킬 만한 주요 특성이라고 할 수 있다.

둘째, 위와 같이 학습자의 주체적인 문학 감상 활동을 강조하는 7차 교육과정의 또 하나 특성은 학습자의 적극적 반응의 연장선상에서 문학교육의 지도내용 범주를 문학 창작 활동으로까지 확대시켜 나간다는 점이다. 6차 때까지 특정 학생의 소질계발 차원에서 특별활동 문예반 활동으로 넘기던 문학 창작 영역을 7차부터 정규 국어수업시간에 다루도록 한 것은 7차 교육과정에서 '창조적 표현'을 추구하는 국어 사용 능력 신장을 강조한 것과도 맞물린 결과로, 국어표현 능력의 활성화에 큰 몫을 한다고 본다.

이런 창작 활동은 학년 단계에 따라 위계화하여 제시하고 있는데, 예컨대 5학년 지도 내용에서는 '작품의 일부분을 창조적으로 바꾸어 쓴다.'가, 6학년에 와서는 '작품을 다른 갈래로 표현한다.'로 그리고 10학년에서는 '생각이나 느낌을 문학적으로 형상화한다.'로까지 심화시켜 나가는 경향을 보인다. 이 위계화된 창작활동을 진술한 문학 영역의 지도 내용들은 또한 듣기·읽기의 지도 내용 가운데 진술된 바, 학습자의 주체적 이해를 촉구하는 국어과 이해 활동과도 서로 연계를 이룬 모습을 보인다.

예컨대 '작품 일부분을 창조적으로 바꿔 쓰기' 지도내용은 5학년의 읽기 영역 중, '이어질 내용 예측하며 읽기'와 '생략된 내용 추론하며 읽기'나 5학년 듣기 영역의 '생략된 내용 추론하며 듣기'라는 학습자 주체적인 이해 활동을 전 단계로 하여 나온 것으로, 이를 바탕으로 좀 더 적극적, 창의적인 표현 활동을 드러내도록 하기 위해 제시된 것이라고 할 수 있다. 그리고 '작품을 다른 갈래로 표현하기'는 6학년 듣기·읽기 영역 중, '다양한 표현의 의미를 알아보며 듣기(읽기)'나 '표현의 적절성 판단하기'와 같은 주체적 이해활동의 연장선상에서 가능한 창의적 표현 활동이라고 하겠다. 또한 '생각이나 느낌을 문학적으로 형상화하기'는 듣기 영역 7, 8, 9 학년 지도 내용인 '들은 내용의 통일성(응집성, 신뢰성과 타당성)평가하며 듣기' 및 읽기 영역 9, 10학년 지도 내용인 '표현의 효과 평가하며 읽기'라는 주체적인 이해활동들이 뒷받침되고, 거기에 문학감상 활동을 통해 함양된 심미적 능력을 바탕으로, 국민공통 기본과정 중 최고 학년인 10학년이 이뤄내어야 할 문학 창작활동의 도달점을 진술해 놓은 것이다.

이같은 문학 영역에서의 창작 활동의 강조는 학습자의 창의적 국어 사용능력 향상을 중시하는 7차 국어 교육과정에서 문학 교육을 그 핵심에 둘 만한 주요 영역으로 부각시켜 놓은 셈이기도 하다.

셋째, 7차 국어과 교육과정은 문학 영역을 국어과의 4대 표현·이해 영역들과 통합적인 관점으로 다룰 여지를 주고 있다는 점이다. 이런 특징은 국어과 교육 일반 목표를 진술하는 데 있어, '표현·이해 - 언어 - 문학' 이라는 소위 영역 위주의 3분법적 진술 체제를 따르던 6차 때와는 달리, 7차의 진술 체제는 국어과 제 영역의 지도요소들을 통합적으로 다뤄서 '지식 - 기능 - 태도' 의 3분법을 따르는 데서도 나온다. 그리하여 문학 지식은 언어 지식과 함께 국어사용 상황에서의 활용력을 기르는 방편으로서 그 의의를 삼았고, 문학 감상과 창작 활동력은 국어를 비판적으로 이해하고 창의적으로 표현하는 능력에 통합시켜 다뤘으며, 문학 영역의 태도 측면은 '국어 문화 창조에 이바지하려는 태도' 형성에 통합시켜 진술해놓고 있다.

아울러 지도 내용 진술 면에서도 앞서 보았듯이 문학의 주체적인 이해·감상 활동은 국어 사용의 이해 영역(듣기·읽기)과도 연결되어 나타나고, 문학의 창작 활동은 또한 국어 사용의 표현 영역(말하기·쓰기)과도 연결지어 보일 여지가 있다.

우선 문학에서의 이해·감상 영역이 국어사용의 이해 영역 지도 내용과 연관성을 보이는 여러 예들 가운데 한두 가지만 찾아보자.

듣기 1학년의 '말소리 구별하기' 및 2학년의 '소리와 의미 관계 이해하며 듣기' 지도 내용은 그를 바탕으로 함으로써만이 문학 영역 2학년에 나오는 '반복적으로 나타나는 말의 재미 느끼기'가 지도될 수 있다는 점에서 상호 긴밀한 연관 관계를 보인다.

또 문학 영역 9학년에 나오는 '작가의 개성 파악하기'와 같은 지도내용은 듣기영역 6학년의 '의도나 목적을 파악하며 듣기'나 읽기 영역 7학년의 '글쓴이의 의도나 목적을 파악하며 읽기'와 긴밀하게 연결되면서, 이를 위한 전 단계로 5학년 읽기의 '사실과 의견을 표현한 부분을 구별하며 읽기'나 7학년 듣기의 '사실과 의견을 구분하여 듣기' 등을 들 수 있다.

그다음, 문학에서의 표현·창작 영역이 국어사용의 표현 영역 지도내용과 연관성을 보이는 예들 가운데 한두 가지만 들어보자.

문학 영역 5학년 지도 내용인 '작품의 일부분을 창조적으로 재구성하기'는 쓰기 3학년의 '창의적으로 내용 생성하여 글쓰기'와, 4학년 말하기 및 쓰기 지도내용인 '주제에 알맞은 내용 선정하여 말하기(글쓰기)'의 연장선 상에 놓인 것이라고 볼 수 있다. 또는 말하기와 쓰기 3학년 지도 내용인 '원인과 결과가 드러나는 말하기(글쓰기)' 및 4학년의 '시간이나 공간 순서에 따라 내용 전개하여 말하기(글쓰기)'를 전 단계로 삼을 수 있다고 본다. 그밖에 문학 영역 6학년 지도 내용인 '작품을 다른 갈래로 표현하기' 도 쓰기 영역 7학년 지도 내용인 '다양한 매체를 통해 내용을 선정하여 글쓰기'와 긴밀한 상호 관계가 엿보여진다.

이상과 같이 문학교육의 모든 지도내용들은 대부분 4대 국어사용 영역 (듣기, 말하기, 읽기, 쓰기) 의 지도내용들과 직·간접적으로 연결이 되기 때문에 통합적으로 다룰 만한 여지를 갖고 있는 것이다. 곧, 7차 국어과 교육과정에서는 문학교육을 중심으로 하여 국어과 전 영역을 고루 다룰 수 있는 가능성을 열어준 점이다.

그리고 한편 이 통합의 양상을 자세히 살펴보면, 4대 국어사용 영역의 지도내용들이 기초·기본 요소로 작용하는데 비해, 문학 영역의 지도 내용들은 바로 이들을 토대로 적용·확장시키는 구실을 한다는 점을 알 수 있다.

따라서 7차 국어과 교육과정은 4대 국어사용 영역과 문학 영역 사이를 상호 수단·목적의 불가분한 관계로 맺어 놓고 있음을 본다. 그리하여 국어 이해활동 영역인 듣기와 읽기 영역 지도내용들이 문학 이해·감상을 하기 위한 기초 선행 단계라면, 국어 표현 활동인 말하기와 듣기 영역 지도내용들은 문학 창작 활동을 하기 위한 기초 선행 단계라고 7차 교육과정은 제시하고 있는 것이다. 따라서 7차 국어과 교육과정에 근거하여 볼 때, 국어교육이 지상 목표로 삼고 있는 국어사용능력 신장은 문학교육을 위한 기틀을 다지는 자리요, 문학교육의 수준은 국어교육 목표의 성취 수준을 가리는 바로미터가 되는 셈이다.

이러한 문학교육의 위상을 어느 국어교육 학자가 제기한 비유(김수업, 1989)를 인용하여 말한다면 다음과 같다. 국어 이해·표현 활동을 줄기로 삼아 성장한 국어사용능력이 아름다운 꽃으로, 열매로 결실하는 자리에 바로 문학교육이 놓인 것이라고 할 수 있는 것이다.


## 3. 교육과정 운영에서 문학교육이 지향할 점

앞에서 우리는 7차 국어 교육과정 속에서 문학교육이 국어교육의 중심이요, 열매라는 위상을 지님을 살펴보았다. 이제 문학교육이 그런 위상을 견지하기 위해서 앞으로 지향해야 할 점에 대하여, 지금까지 논의한 것을 정리하는 입장에서 들어보기로 한다.

첫째, 문학교육은 학습자 중심의 문학 교육 이념을 바탕으로, 문학 독자인 학습자의 주체적인 반응과 적극적 표현을 장려하는 방향으로 나아가야 할 것이다.

이를 위해서는 문학작품보다 문학 감상의 주체인 학습자를 중시해야

할 것이고, 우리 문학교육 연구도 작품 자체의 구조적 특성 분석이나 사적 고찰보다, 문학작품을 받아들이는 학습자의 인간적 특성을 연구 대상으로 더 중시해야 할 것이다. 곧, 인간이 중시된 문학 교육, 그러니까 문학 교육과 연관된 학습자의 인지적 발달, 정의적 발달, 사회성 발달, 도덕성 발달, 그리고 창의성 발달 등이 우리의 관심사가 되어야 할 것이다.

둘째, 국어과 통합교육의 관점에서, 문학 감상·창작 활동은 국어 이해·표현 능력 신장과의 연장선상에서 더욱 긴밀한 관계를 유지하며 운영되도록 해야 할 것이다.

이를 위해서는 문학 감상·창작 활동이 국어 이해·표현 능력 신장과의 연장선상 내지, 통합 과정 속에서 영위되도록 하기 위한 여러 원리와 프로그램들이 개발되어야 할 것이다. 예컨대, 문학 작품을 감상하는 학습자의 독서 전-중-후 과정을 통해서 듣기, 말하기, 읽기, 쓰기 능력 신장 활동과 통합되도록 하는 구체적인 전략과 프로그램들이 강구되어야 할 것이다. 나아가, 문학 교육과정 운영 속에 4대 국어 사용 능력 신장의 핵심체들을 함유시킴으로써, 궁극적으로 문학교육을 통해 국어교육의 목표도 함께 이루는 것을 지향점으로 삼아 나아가야 할 것이다.

끝으로, 필자는 이러한 문학교육의 위상과 지향점을 견지해 나갈 수 있도록, 당분간은 우리 학회의 모든 연구력을 쏟아서, 학교 교육에서 이뤄지는 문학교육 현상을 되돌아보고 쇄신해 나가는 일에 경주하기를 제안하는 바이다. 그리하여 문학교육을 통해, 국어교육의 튼실한 열매가 우리 학교 교육과정 속에서 맺어지기를 충심으로 기대하는 바이다.

〈국제학술세미나 기조 발제문〉
# 동아시아 아동문학교육의 지향점

    오늘 이 학술대회1)는 동아시아의 문학, 그 중에도 이의 기초가 될 아동
문학을 대상으로 하여, 이것이 과연 국어교육에서 어떻게 운영되어 왔으
며 어린이들에게 어떤 영향을 주도록 도모되어 왔는지 돌아보고, 과거와
현재에 당면해왔던 시대적 문제점은 무엇인지, 이를 극복하여 앞으로
지향해야할 점은 무엇인지를 논의해보려는 목적으로, 3개 국가의 이 방면
전문가들이 최초로 모인 소중한 자리이다.

    중국, 일본, 한국으로 대표되는 동아시아 지역 국가들은 본디 역사적으
로나 지정학적으로 서로 다른 여건과 상황 아래 있었고, 서로 다른 말과
글자를 갖고서 문학과 교육을 영위해왔기 때문에 각기 독특한 문화와
관습을 보여주고 있다. 그러나 서로 인접한 국가답게 상호간에 모든 면에
서 영향을 주고 받아오다 보니 아동문학과 교육의 실태 면에서도 공통점
을 적잖이 찾아볼 수 있다고 본다. 또한 동아시아 삼국은 특히 과거 제국주
의 시대와 이데올로기 냉전시대의 현장과 그 주변에 처할 수밖에 없었던

---

1) 이 대회는 한국문학교육학회에서 2003년 10월 17-18일에 '동아시아 아동문학교육의 회고
　와 전망'이라는 주제로 개최했던 국제대회이며, 이 글은 그날 필자가 학회장으로서 대회
　모두에 기조 발제로 발표했던 내용임.

지정학적 여건 때문에 그로 인한 상처와 후유증을 직간접으로 받아왔다는 점에서 상호 불가분의 관계에 있기도 하다. 따라서 과거의 아픔과 현대에 당면한 문제점들 가운데는 서로 통하는 점이 있으므로 함께 이를 토로하며 그 문제의 깊이를 서로 가늠할 필요도 있다고 본다.

동아시아 삼국은 또한 아동문학 내지 아동문화 운동을 통해 이를 극복하려고 애쓰던 전통도 어느 정도 지니고 있었고 지금도 그 전통의 흔적을 부분적으로 지니고 있음을 엿볼 수 있다. 그러므로 우리는 바로 이런 귀한 전통을 되살리고 활성화시켜서 이 문제 해결을 위한 지향점을 함께 추구, 모색해보는 일은 매우 의미 있는 일이라고 본다.

이를 위해서 먼저 할 일은 동아시아 삼국이 과거에 어떤 아픔과 치부를 가지고 있으며, 이에 대하여 저들의 아동문학과 교육이 어떻게 반응하고 대처해왔는지 통시적 관점에서 돌아보는 일이다. 여기서 삼국 중, 특히 과거 제국주의 시대와 이데올로기 냉전 체제의 잔재로 말미암아 세계 유일의 분단국가로 남은 한국의 경우는, 그 남과 북뿐만 아니라, 제국주의 침략에 밀려 쫓겨 가다 형성된 이민 사회, 만주 조선족 자치주까지 그 형성과정의 역사적 의미를 나름대로 존중해주는 뜻으로 함께 동참시킬 필요가 있다고 본다. 그리하여 그 각각의 특성에서 오는 문제점을 함께 고구할 필요가 있다고 본다.

우선 우리 동아시아 삼국이 최근세에 겪었던 아픔과 치부로 먼저 들 만한 것은 아시아적 봉건주의 내지, 군국주의 체제 아래 개인이 무시되던 전체주의 분위기 속에 매어 있었다는 점이다. 그리고 나아가 제국주의 준동과 동서 냉전의 소용돌이에 휘말려 태평양 전쟁과, 육이오 한국 전쟁을 직·간접으로 겪으며 전쟁의 상흔을 입었다는 것이다. 이런 상황 아래 문학 중에도 특히 어린이를 대상으로 한 아동문학은 단순히 아동을 계도하는 도덕 교훈서 내지 정치사상 교양서 정도로 취급되거나, 경우에 따라서는 상업주의적 통속물로 빠져서 아동문학의 수준과 위상을 제한시키는 경향마저 보였다는 점을 인정하지 않을 수 없다.

그러나 한국의 최남선, 방정환 선생과 같이, 각 나라 문학과 아동문학을 도구로 한 시대적 선각자나, 계몽주의자들은 앞서 든 당대의 문제들을 극복하고자, 아동문학을 통한 아동의 개성 해방, 감성 해방 운동과 같은 문학 보국운동을 시도했다. 그리고 최근세의 이런 운동이 현대 아동문학을 형성시키는 주요 계기가 되기도 했다.

또 하나 들 만한 치부는, 최근세기 동안 우리 동아시아 삼국이 소위 서세동점(西勢東占)의 위세 아래 눌려지내왔던 나머지, 서구문화에 대한 남다른 열등 의식 콤플렉스를 조금씩 안고 살아 왔다는 점이다. 그래서 비록 과거 서구 문화의 창문이던 일본을 통해 소개되던 아동문학과 그 교육적 영향이 우리 동아시아 삼국 아동문학 형성의 기틀을 다지는데 한 몫을 해왔다는 점을 일부 인정할 수밖에 없는 노릇이지만, 문제는 서구의 아동문학이 보이는 판타지와 주인공들이 우리 동아시아 구래의 그것들 보다 더 매력적인 존재로 비치고, 더 아동문학 본연의 것인 듯이 다가오게 되었다는 점이다. 이에 대해 동아시아 삼국의 선각자들 가운데는 구래의 설화, 민요를 바탕으로 한 재구성, 재창작 및 전래동요, 전래동화 구연에 남다른 관심과 애정을 보이는 이들이 생겨 이 문제를 극복할 계기를 보여주었다.

그러면 오늘날 동아시아 삼국이 부딪히는 문제는 또 무엇인가?

첫째로 들 것은 고도경제성장 일변도의 정책과 그로 인한 사회적 악영향이다. 그로 인해 상업주의와 물질 만능주의가 팽배해지는 가운데, 날로 퇴폐적 선정성까지 곁들여진 매스컴과 인터넷 문화가 이렇다 할 여과 장치 없이 아동에게까지 투사되는 실정이다. 경제성장 일변도의 정책 아래 늘 뒷전에 밀려나기 일쑤인 교육 여건으로는 이를 극복하기에 역부족이다. 그리고 물질만능주의와 찰라적, 익명적인 자극과 흥미를 추구하는 매스컴과 인터넷문화의 범람은 또한, 학교 교육에서 우리 선생님들로 하여금 문학세계의 순수성을 통한 정화 작업을 거의 불가능하게 만들고 있다.

그럼, 이를 극복하기 위해 동아시아 각국에서는 어떤 노력을 보이고 있는가?

중국에서는 '교육대강(教育大綱)'을 통해 교육개혁을 심화하는 과정에서 특히 과외 독서 활동을 강조하고 있다. 일본에서도 독서교육을 바탕으로 하는 '평화롭고 문화적인 국가'를 지향하여 교육문화운동으로서, 아동을 위한 독서운동과 도서관 건립 운동을 꾸준히 일으키는 모습을 보여주고 있다. 그리고 한국에서도 이런 독서운동은 초중교사를 중심으로 하는 '독서 새물결 운동'과 '한우리 독서회'라는 사단법인 단체에서 그 예를 볼 수 있듯이 시민운동 형식으로 자발적이며, 지속적으로 일어나고 있다.

그다음, 동아시아 삼국이 함께 겪는 두 번째 문제로 들 것은 어릴 때부터 경쟁 체제로 내모는 입시 위주 교육의 병폐이다. 그리고 마지막으로 들 것은 문학교육을 아직도 정치사상교육 내지 도덕 교과의 도구로 오도(誤導)하거나 폄시(貶視)하는 경향이다.

입시위주 교육과 매스컴의 폐단 문제 및 이로 인한 가족간 대화의 단절과 인간성 상실 위기 문제에 대한 극복책으로는 일본의 경우, 부모와 자식이 함께 책을 읽고 대화를 나누는 가정문고, 지역문고와 같은 시민들의 문화운동 전개를 그 예로 들 만하다. 그리고 문학교육의 오도 경향과 폄시 경향 문제에 대한 대응책으로는 중국의 경우, 정치사상 교육으로 오도되기 쉬운 점을 '정경교육(情境教育)'이라고 하는 제대로 된 문학교육을 통해서만이 가능한 교수·학습 방법 적용을 강조함으로써 이를 극복하려고 시도해온 점을 그 예로 들 수 있다.

지금까지 우리는 과거와 현재에 이르는 동안, 아동을 대상으로 하는 바람직한 문학과 교육의 활동에 부정적인 영향을 주는 것들과 이에 대한 대응책을 살펴보았다. 그리고 이런 대응책들이 아직 시도에 그칠 뿐이지, 온전한 대응책이 되지는 못하다는 점을 알 수 있었다. 따라서, 우리 후진들도 선진 아동문학자들이 해온 바를 본받아, 아직도 계속되는 여러 문제점들을 극복해나가야 할 것이다. 그리하여 우리 후진들이 앞으로도 계속 추구해나가야 할 지향점들을 들어 보기로 한다.

첫째, 인간 존중, 아동 존중의 정신을 더욱 공고히 하는 방향으로 나가야 할 것이다.

본디 아동문학의 시발점은 '아동'의 발견과 '동심'의 수호 존중에서 비롯된 것이요, 과거 제국주의와 군국적인 체제와 같은 전체주의를 극복하고 인간의 개성을 인정하고 존중하는 정도에 따라 문학과 교육의 발전도 그에 비례하여 커져간 것이 사실이다. 한국은 또한 제국주의 침탈로 식민지로 전락되었을 당시, 아동문학을 통한 아동 존중, 개성 해방 운동을 가지고 독립운동의 일환으로 삼는 전통까지 있다. 따라서 인간 애호의 휴머니즘과 아동 존중의 정신이야말로 그동안 아동문학과 교육의 기본 바탕이 되어왔듯이 앞으로도 계속 소중하게 이어가야할 기본이요, 전통이 되어야한다고 본다.

둘째, 동아시아 삼국이 형성해 온 아동문학의 공통점을 찾아 그 독자성을 소중히 여기고, 이를 위해 좀 더 상호 교류하며 유대를 강화해나갈 필요가 있다고 본다.

그동안 동아시아 지역은 서구문학의 특성과 사조에 밀려 함몰되고 무시되어왔던 경향이었다. 따라서 그에 눌려 제 값을 못 받아온 우리의 소중한 고유 정서와 얼이 담긴 문화요 전통 자산을 되찾고 소중히 보존 계발해야할 것이다. 그리고 나아가서 일본이 2000년 이후 '한국그림책 소개' 및 아시아 아동문학진흥에 노력하는 데서 보였듯이, 동아시아 삼국 간의 아동문학 발전을 위한 상호 협조와 유대 강화를 더욱 지속적으로 활성화시켜가야 할 것이라고 본다. 또한 냉전체제의 마지막 잔재인 세계 유일의 분단국가, 한국도 그간 이주민으로 형성되었던 중국 조선족과 함께 남한과 북한의 상호 교류가 활성화되어 공감대를 이뤄가야 할 것이라고 본다.

　동아시아 삼국의 아동문학인과 교육자들은 바로 이런 노력을 통해서 탈서구화를 기할 수 있고, 나아가 우리 동아시아 고유의 얼과 정서와 판타지를 회복하는 자리에 이를 수 있다고 본다. 그리고 이를 통해, 과거 지중해 중심시대가 대서양 중심시대로 옮겨가던 세계문화사를 이제 2000년대부터는 우리 동아시아 삼국이 주도하는 태평양 중심시대로 이끌어가는 기틀을 다져낼 수 있다고 본다.

# 제2부

. . .

# 아동 문학교육 연구의
# 실제와 지향점

# 문학교육과 학교제도

## 1. 서론

옛날에는 오늘날처럼 일련의 목적과 체제 속에 교육과정대로 운영되는 학교 제도가 없었다. 또 문학을 교육의 대상으로 삼아 정규 과목으로 가르치는 일은 더더욱 없었다. 그래도 오늘날 정규 학교를 나온 소위 '고학력자'들 못지않은 감수성과 문학적 소양을 발휘한 인사들이 적잖이 나타났다. 오늘날에도 학교 문턱에 가보지 않은 무학자들 가운데 도리어 웬만한 고학력자를 능가할 만한 문학적 상상력과 감수성이 풍부한 이들을 더러 만나게 된다. 곧, 학교 교육을 받은 정도와 개개인이 지닌 문학적 소양 정도가 늘 정비례하지만은 않더라는 점이다.

이점을 돌아볼 때, 과연 학교제도 속에서 문학이란 가르칠 만한 것인가, 만일 가르칠 만하다면 그 문학교육의 의의란 무엇인가, 또는 문학의 특성상 이를 가르친다는 일이 학교제도 고유의 특성 속에서는 본래 소기의 효과를 거둘 수 없도록 되어있는 것은 아닐까 하는 의문들이 생길 수밖에 없다.

우리나라도 광복 이후, 우리 손으로 만든 교육과정 가운데 문학이 하나의 교과로, 또는 교과 속의 주요 영역으로 대접받아 진술되어온 지 많은 세월이 흘렀다. 그리고 학교 교육의 정규 교과시간에 문학교육이 영위되어오기 시작한 지도 어느새 반세기를 헤아린다. 나아가 문학을 대상으로 한 교육이 학교 교육의 교육과정 체제 속에서 자격을 갖춘 교사가 문학교육이란 이름으로 운영하여 온 지도 오랜 세월이 흘렀다. 그러니 이제 그 발자취를 되돌아보면서 그간의 상황을 반성하는 가운데, 문학이 과연 학교제도 속에서 제구실을 잘 해왔는가 반성해볼 때도 된 것 같다.

본고에서는 선학들의 연구 결과에 기대어 먼저 문학교육의 위상과 지향하는 목표를 살펴보고, 이어서 학교제도의 특성상, 과연 문학과 문학교육의 지향점을 제대로 포용할 만한 지를 가늠해볼 셈이다. 그러기 위해 우선 학교 현황의 제도상의 특성과 그에 따른 문제점들을 헤아려보고, 학교에서 그동안 문학 교육과정을 운영해온 바를 되돌아보고자 한다. 그리고 이상을 통해 문학이라는 나름의 특성을 지닌 요소가 학교라는 제도 속에서 녹아들어 무리 없이 운영되기 위한 노력점을 개괄적인 수준에서라도 윤곽이나마 그려 보고자한다. 그리하여 문학이라는 나름의 특성을 지닌 요소가 과연 학교라는 제도 속에서도 제구실을 충분히 감당할 수 있는가 하는 점을 생각해볼 계기를 가질 뿐 아니라, 앞으로 학교제도를 통한 문학교육을 제대로 수행하도록 하기 위해 우리 문학교육 수행자들이 고려해야 할 일을 다시금 가늠해보는 계기를 삼고자 하는데 본고의 의의와 목적을 둔다.


## 2. 문학교육의 위상과 목표

국어교육 분야를 크게 둘로 나눈다면 흔히 언어교육과 문학교육을 든다. 이 가운데 언어교육이 지적훈련을 맡은 분야이며 의사소통이라는 도구성을 강조하는 실용적인 영역이라면, 문학교육은 비실용적인 대신에 정서적 함양과 더불어 인성 교육적 요소에 더 가깝기 때문에 형이상학적인 면이 짙다는 점에서 그와 대비되는 영역이라고 할 수 있다. 비록 언어교육과 대비되더라도 굳이 효용적 가치를 들라면, 언어의 시적 기능을 바탕으로 하여 언어사용을 통한 심미적 가치와 상상력 계발에 기여하는 바가 있다는 점들을 열거할 만하다. 그러나 이런 효용성보다는 문학이 예술형태의 일환인 만큼 그 본질을 더 정서적이고 심오한 데에 둘 수도 있다. 곧, 예술의 개성 발휘와 향유를 통한 만족, 자유로움의 활기, 정서적 세련과 고양에서 오는 충일감 등을 들 만하다.

그리하여 문학교육의 목표에 대해서도 논자들마다 지금 거론된 실용적인 목표부터 인성적 측면의 목표에 이르기까지 다양한 항목들을 거론한다.[1] 이 문학교육의 목표야말로 학교 현장에서 문학교육을 실시하는 데 있어 나침반 같은 구실을 하는 존재로서, 기존의 문학비평 이론과 그를 토대로 한 문학교육 이론들을 종합한 결과물이어야 할 것이다.

그동안 우리나라 문학 교육과정을 기획하고 운영하는 데 있어서 주로 영향 받은 문학비평 이론을 들라면, 대표적인 것으로 역사주의 비평론과 형식주의(분석주의) 비평이론을 들 수 있다. 그리고 6차 이후에 독자반응 이론도 일부 수용된 것임을 엿볼 수 있다. 「문학교육론」(구인환 외 1998)에서는 문학 현상의 네 요소에 따라 기존의 제반 문학 이론들을 생산·구조·수용·반영 이론으로 구조화하여 정리한 뒤, 문학교육에 대하여 '문학적 문화를 고양하기 위한 일체의 활동'으로 정의하였다. 그리고 이들을 토대로 하면서 문학교육의 목표를 바로 이 문화적 문화를 바람직하게 이뤄지도록 하는 일로 상정했다. 본고에서는 이 연구 결과에 기대어 「국어교육학개론」(최현섭 외, 1996 ; 362-365)에서 열거해 놓은 문학교육이

---

1) 문학교육의 목표에 대하여 그동안 논자들이 많이 거론해온 문헌들로는, 김은전(1979:3), 최현섭외(1984:407-408)와 좀 더 폭 넓게 거론하여 큰 영향을 준 구인환 외(1988:65-67) 등이 있다.

지향할 바 목표를 따라 다음 다섯 가지로 정리하고자 한다. 그리고 그 각각이 우리 학교 제도 속에서 과연 적절하게 실현할 수 있을지를 의심케 하는 부분도 짚어보기로 한다.

## 2.1. 문학적 문화의 고양

문학적 문화란 과학기술적 문화에 대응하는 개념으로서 현대와 같이 과학기술 문명이 인간성을 소외시킬 만큼 세계를 지배하는 상황에서 인간의 본질을 실현하고 옹호할 것을 추구하는 목표이다. 이는 문학교육의 항존적 요소를 목표화 한 것으로서 현대에 이를수록 그 필요성이 더욱 극대화 되고 있다. 그런데 과연 과학기술 문명이 지배하는 사회의 대표적 교육기관인 학교라는 제도 속에서, 현대 사회의 과학기술 문명과 대응되는 이러한 문학교육의 목표를 구현시키는 일이 순탄할 것인가 하는 우려를 가지며 다소간 애로를 예상하지 않을 수 없다.

## 2.2. 상상력의 발달

문학에 담긴 언어적 상상력은 독자들로 하여금 시공을 초월하는 환타지적인 경험을 갖게 함과 더불어, 개성에 따라 다양한 꿈과 비전과 이상을 설계하게 하는 힘을 길러준다. 그리고 이런 정신적 경험을 통하여 학생들로 하여금 지적, 정서적 발달에 큰 몫을 담당한다. 그런데 이런 개성적이고 환상적인 경험을 통한 상상력 계발이야말로 학생들의 독자적인 세계 속에서 나름대로 다양하게 계발할 여지가 있는 것이다. 그런데 학교제도는 다 아는 바와 같이 여러 학생들과 교사들이 모인 집단으로서 한 사회의 이데올로기를 담당하여 전수하는 일을 기본 업무로 삼는 곳이다. 따라서 독자적인 세계보다 도리어 사회와 집단의 의지가 더 인정되고 중시되는 곳이기 마련이다. 이처럼, 한 사회의 이데올로기에 바탕을 두고 획일화로 일관하기 십상인 학교 제도의 속성을 돌아볼 때, 이 목표의 실현이 과연 가능할 수 있을지 하는 점이 의문시된다.

## 2.3. 삶의 총체적 이해

삶의 총체적 이해란 근대 자본주의 이후 삶이 파편화·수단화되는 경향을 배제하고, 삶의 다양한 면을 총체적으로 감수하고 파악·이해하도록 하는 일을 말한다. 이런 목표는 삶을 주요 대상이요, 주제로 다루기 마련인 문학작품의 향수를 통해서만이 구현시킬 수 있는 것이다. 그런데 문제는 한정된 학교제도의 틀과 그로 인해 내용상, 형식상으로 제한될 수밖에 없는 교과서 수록의 문학 작품이다. 학교제도 상의 이런 특성으로 인해 과연 삶의 총체적 이해라는 이 목표가 충분히 실현될 수 있느냐 하는 점이 석연치 않다.

## 2.4. 미적 정서의 함양

이는 미적 구조물인 문학작품을 통해 심미안을 계발하고 미적 정서를 길러내어야 한다는 목표를 두고 한 말이다. 이 미적 정서는 인간과 사물에 대한 공감과 사랑을 바탕으로 이뤄지는 것이며, 예술교육의 일환으로서 문학교육이 추구하는 또 하나의 핵심적인 목표이기도 하다. 그런데 국어교육 가운데 언어 지식(문법)과 언어 사용기능을 다루는 교과 시간의 한 부분으로, 이 예술교육인 문학이 조화롭게 첨가된다는 것이 쉽지 않을 것이다. 자칫 지적 교육이나 기능 교육의 일환으로 매도되거나 보조 수단화 되는 나머지, 도리어 문학교육의 본연의 목표를 상실하지나 않을까 우려하지 않을 수 없다.

## 2.5. 민족 정서의 이해와 습득

우리 문학교육은 한국의 문학 교육인 만큼 조상들의 언어적 문화유산을 대상으로 한 것이다. 그리하여 바로 우리 문학에 담긴 민족 정서를 이해하고 창조하는 일이야말로 문학교육의 또 하나의 주요 목표가 될 수밖에 없다. 그런데 문제는 우리 학교제도 자체가 본디 서구적인 요소를 띄고 있으며 거기서 다루는 교육 일반 이론과 문학비평 이론도 대부분 서구 이론에 기댄 것이란 점이다. 그러다 보니, 이런 체재와 여건 속에서 전수되는 문학교육이 과연 우리 민족 정서의 이해와 습득에 제대로 기여할 만한 체제와 분위기를 조성할 수 있겠는가하고 의문시되지 않을 수 없다.

지금까지 문학교육이 그 특성에 근거하여 지향하는 바 목표를 원론적 입장에서 다섯 가지로 들고, 우리 학교제도 속에서 그 구현 가능성 여부를 따져보았다. 그런데 문학교육의 현장인 학교에서는 이 목표의 구현 과정에 대하여 늘 회의적인 면을 지니게 해왔다. 이와 같이 문학교육이 추구하는 목표가 실현 가능할지 여부를 의심하게 하는 동기는 다름이 아니다. 주로 학교제도라고 하는 체제의 속성 가운데서 문학과 다소 이질적인 부분들로부터 온 것이라고 할 수 있다.

다음 장에서는 우리나라의 학교제도 자체가 문학교육을 포용하지 못하는 속성을 지니고 있음을 좀 더 구체적인 실상에서 찾아 들어보기로 한다.


## 3. 학교제도 현황에 따른 문학교육상의 문제

우리나라의 전통적인 공교육기관으로 엘리트 양성 기관이던 성균관

등과, 양반층의 일반 기초교육기관이던 서당류가 사라지고, 서구식 학교 제도와 더불어 다수의 의무보통교육의 시대가 열린 것은 개화기 이후부터다. 그리고 이런 학교에서 우리 손으로 교육과정을 만들어 정식으로 체제 잡힌 교육을 시행하기 시작한 것은 광복 직후인데, 엄밀하게 따지면 6.25 사변 직후 1차 교육과정기로부터라고 할 수 있다. 본 장에서는 1차 교육과정기로부터 근 반세기에 이르도록 조성되어 온 우리 나라 학교 제도와, 그 운영의 현황에 나타나는 문제에 대하여 개괄적인 수준에서 살펴보기로 한다.

그런데 학교 제도에 대하여 설명하려면 여러 가지 요소들을 들 수 있겠지만, 그 가운데 교육 활동과정에 한정하여 특성을 살펴보기 위해서는 무엇보다 교육 과정과 그 운영상의 문제들을 들어야 할 것이다. 그리고 그 가운데 문학 영역을 중심으로 한 교육과정 운영상의 특성에 한정하여 살펴보려면, 무엇보다 문제되는 것이 正典(canon) 문제와 그것을 지도 운영하는 방법 문제에 관한 것이다. 따라서 여기서도 바로 그와 관련된 문제를 중심으로 하여 문학교육과정 운영상의 특성을 살펴보고자 한다.

## 3.1. 학교제도 현황에 나타나는 문제

학교는 학생 개개인의 자아실현과 사회 구성원으로서의 기본적인 기능과 소양을 기르기 위한 교육기관의 대명사이다. 의무교육이 헌법으로 명시되어 운용되는 현대 민주사회에서는, 학교는 이미 특정 집단에 한정된 특권 기구가 아니라 모든 국민에게 평등하게 혜택을 주는 기관이 되었다. 그리고 특히 초등학교는 어린이들로 하여금 인생의 초기에 교육을 표준화시키는 효과를 구사하기까지 한다.

글레이저(Glasser)는 초등학교의 처음 몇 해(5세부터 10세 사이)야말로 아동들에게 그 후의 생활과 인생 전체를 성공적으로 보내느냐, 실패감으로 보내느냐 여부를 판가름하게 하는 '결정적인 시기'라고 그 중요성을 강조하면서, 10세 이전의 훌륭한 학교 경험이 아동들의 성공에 큰 몫을 한다고 제언한다. 그러나 학교 현장의 실태는 개개인의 특성에 따른 개성화보다 단체생활의 적응에 더 큰 관심을 두고 있다. 그리고 평가 활동도 다양한 사고력 함양에 비중을 두기보다 단순한 암기력 테스트에 그치게 하는 경우가 많다는 지적이다. 그나마 학교에서 요구받는 기억의 대상도 아동의 생활과는 대부분 무관한 것들이라 동기부여도 전혀 받을 수 없는 것이다. 그리하여 전체적으로 볼 때, 학교의 실정은 학생들의 사고뿐 아니라 창의적이고 예술적이며 즐거운 두뇌 사용까지도 급격하게 퇴보하게 만드는 면을 보여주고 있다는 지적이다.[2] 바로 이런 지적은 우리 나라 초·중·고 학교 제도 전반의 운영상의 현황과도 크게 다르지 않음을 볼 수 있다.

우리나라 학교의 실상을 좀 더 구체적으로 연구한 것으로는 김영천의 『네 학교 이야기』[3]란 업적이 있는데, 여기에는 비록 초등학교 교실 생활에만 한정한 것이지만 우리나라 학교 현장의 실상을 매우 구체적으로 관찰하여 문화인류학적으로 기록한 내용들로 되어 있어 큰 참고가 될 만하다.

그 글에서 우리나라 초등학교의 교실 생활의 문화적 주제로 든 것은 다음 세 가지이다(김영천, 1997 ; 117-135). 첫째는 선생님으로 대변되는 윗사람에게 인사하고 예절 바르게 말하는 것을 강조하는 '존경의 가치'라고 한다. 여기서는 아동들이 자칫 절대불변의 가치로 군림하는 권위자에 대한 맹종의 태도에 길들기 마련이고, 상하 위계를 중시하는 체제 속에 매이기 십상인데, 그러다 보면 아동들 개성이 폄하되어 다양한 계발이

---

2) William Glasser, 이재신 역, 「실패없는 학교」(교육과학사, 1986), 32-24쪽.
3) 이 책은 저자가 미국 오하이오 주립대학에서 낸 박사학위논문을 토대로 만든 저서로, 우리 나라 학교 현장의 특성을 질적연구방법으로 기술한 최초의 업적으로 가치가 있다고 본다. Cf) 김영천, 『네 학교 이야기 - 한국초등학교의 교실생활과 수업-』, 문음사, 1997.

제한되거나 무시될 우려가 있다는 점에서 문제라고 하겠다. 둘째는 학교 규칙을 준수하고 개개인에게 부과되는 공식적인 일을 감당하기를 촉구하는 면에서의 책임성의 강조가 두드러지게 드러나는 가치라고 한다. 그런데 이 책임성은 개인보다 주로 집단의 중요성과 가치를 더 크게 생각하는 면에서 나온다는 데에 문제가 있다. 집단의 가치를 개인적 가치보다 더 중시하는 관점에 서다보니, 결국 집단생활에의 순응만을 강조하는 과정에서 자연히 개인의 개성을 중시하거나 다양성을 발현시키는 일이 소루하게 취급될 소지가 있겠기 때문이다. 그리고 셋째는 性的 구별의 강조하고 한다. 이는 단지 신체 능력상의 구별뿐 아니라 걸음걸이, 태도에 이르기까지 다분히 이분법적으로 도식화된 남녀의 도식적인 구분으로 인하여 획일화시키는 데서 문제점을 드러내고 있다.

김영천은 또 많은 학급을 지닌 학교의 다인수 학급 상황에서, 학생의 자유와 창의성과 합리성을 토대로 한 교육 목표가 아동을 조용히 시키는 것이 급선무라는 교사들의 부득이한 판단 때문에 무시되는 경향을 관찰하여 제시하고 있다(김영천, 1997 ; 143). 곧, 교사들은 이상적인 교육 목표보다 체벌 등의 행동주의적 기법을 구사하면서까지 교실 질서 유지에 급급해 한다는 것이다.

이런 학교 상황에 대하여 학생들이 어떻게 반응하는지를 살핀 설문조사 결과는(김영천, 1997 ; 150-168) 다음 세 가지로 나타난다. 첫째 학교에 갖는 구속감, 둘째, 교사의 공평성 여부에 대한 비판의식, 셋째, 고정 관념화된 성차별에 의해 비합리적인 대접을 받는 일에 대하여 갖는 비판의식 등이 그것이다. 그리고 이런 구속감과 비판의식에서 비롯된 학생들의 대응 방식으로 또 다음 세 가지를 든다(김영천, 1997 ; 169-184). 첫째는 지루함을 없애기 위해 장난 따위를 하는 소극적인 반응, 둘째는 좀 더 큰 반응으로 수업 빼먹기, 부정행위, 거짓말하기, 공식문서 위조하기, 훔치기 등을 내용으로 한 학교규칙 위반하기, 그리고 셋째는 교사에 대한 경멸과 복수하기 위한 보다 공격적인 반응으로서 그 예로 별명 붙이기, 헛소문내기, 심지어 교사의 소지품에 불을 지르는 일까지 열거하고 있다.

이런 학교 상황과 학생의 부정적인 반응 양상을 돌아볼 때, 이런 상황이 문학적 문화를 고양하고 미적 정서를 함양하는 분위기와 여건을 보유하였다고 여기기에는 거리가 멀다고 보지 않을 수 없다.

이 글에서는 또 초등학교 수업문화의 일반적 특징을 관찰하여 다음 세 가지로 기술하고 있다(김영천, 1997 ; 244-257).

첫째는 학생들의 성공과 실패를 명시적으로 가시화(可視化)하여 공개한다는 점이다. 그리고 성공집단과 실패 집단으로 구분된 학급 학생들은 각기 그에 부응하는 차별적 보상을 받아 강화 효과를 갖게 한다는 것이다. 이처럼 성공의 이데올로기가 강조되고 보상되면 실패자에게 가차 없는 대우를 주는 상황에서는 학생들이 주체적인 판단과 나름대로 사유할 수 있는 정신적 여유보다, 승패의 심판관으로 군림한 교사의 의견에 따르고 눈치를 보고 그에 따르는 수동적 존재로 전락할 수밖에 없다. 이런 속에서 사고력 계발과 상상력 발양을 모토로 한 문학의 목표는 구현되기 어렵다.

둘째는 수업 시간에 아동 개개인의 반응 정도에 따라 사회적 인정과 오명(汚名)이 급우들 간에 분명히 드러나도록 하는 경향이란다. 수업의 대상이 개개인이 아니라 학급 전체 집단이기 때문에, 교사는 한 학생의 답이 성취가 미진한 것일 때와 훌륭한 답일 때를 가려 학급 전체에게 유의미한 각인 효과를 주기 위해서라도 공개적으로 칭찬과 질책을 해야 할 뿐 아니라, 급우 간의 공개적인 찬사와 비판도 유도해내야 한다는 것이다. 따라서 학생들은 자칫 공개적인 비판의 대상으로 전락될까 염려되어서 자신 없는 발언은 꺼리게 되고 결과적으로 창의적인 표현활동은 심리적인 제재를 받기 십상이 된다.

셋째는 각 반마다 조직되는 분단의 구성과 활동에서 드러나는 바, 자아의 상실과 집단의 발전이라는 특징을 보인다는 것이다. 곧, 교사는 교수 방법 면의 효과 뿐 아니라 교실 질서 유지를 위해서 이 소집단을 활용하는데, 교사는 개인보다 집단의 가치를 강조하는 메시지를 공개적으로 전달하면 집단에 의한 성취 결과가 그 집단에 보상됨으로써 개인보다 집단이 더 중요한 학습 단위로 간주되는 면을 보인다는 것이다. 결과적으로 개개인에 대한 관심을 집단 중심적인 성취 구조로 바꿔 나가는 상황에 이르고, 결국 학생의 자아가 상실되고 집단이 부상되는 상황이 연출되기에까지 이른다.

이런 상황 속에서는 학교 교육에서 문학이 추구하는 바, 미적 정서와 민족 정서뿐 아니라 삶의 총체적 이해를 통한 가치관이 개인별로 내면화되기를 바랄 수 없는 것이다.

이상과 같이 초등학교 몇 학교에서 관찰된 사항들은 우리나라 중·고등학교에서도 대체로 정도와 범위 차이는 있을지 몰라도 크게 다르지 않으리라고 본다. 그리고 이런 부정적인 상황들은 우리나라 학교 제도가 지녀온 전통적, 사회적, 심리적, 물리적 요소들로부터도 다양한 원인들을 찾을 수 있을 것이나 여기서는 논외로 한다. 다만 이런 상황에서 문학 교육이 본래의 위상을 고수하고 목표를 실현하는 데 많은 걸림돌과 제한점을 지니고 있다는 점을 지적하는 것으로 소결을 내릴 수밖에 없겠다.

## 3.2. 교육과정 운영상의 正典 選定과 그 讀解 方式에 관한 문제

앞 절에서 학교제도의 외면적인 실태를 살펴보았다면, 이제 본 절에서는 학교 제도의 내면적인 실상을 살펴볼 차례다. 학교 제도의 내면적 실상을 파헤치는 데 있어 무엇보다 중요한 것은 교육과정 운영을 어떻게 하는지를 살펴보는 일이라고 본다.

우리나라는 그동안 문학 교육과정이 여덟 번에 걸쳐 바뀌어 왔다. 그렇게 많이 바뀌어 왔음에도 불구하고 늘 변하지 않는 문학 교육과정 상의 기저를 이루는 원칙이 하나 있다, 그것은 곧, 우리 문학의 위대한 작품 곧, 정전(正典:Canon)을 골라 두루 섭렵하고 자세히 읽어 내면화함으로써 학생들로 하여금 다양한 문학적 체험을 얻게 하고 문화적 능력을 고양시키고자 하는 점이다. 그러므로 우리나라 문학의 교육과정 운영을 살펴보기 위해서 가장 크게 관심을 둘 일은 문학텍스트의 정전 선정과, 그를 효과적으로 감상하기 위한 독해 방법상의 문제라고 본다. 그 중에 특히 정전 문제는 문학 작품이 대중 매체에 의해 다이제스트화 되고 오락물화 되는데서 오는 폐단(구인환 외, 1998 ; 410-415) 못지않게 중요한 사항이라고 본다.

그런데 이 방면의 선행 연구로 큰 도움을 받을 만한 것을 정재찬의 연구 업적4)에서 찾아볼 수 있다. 이 글에서 초점을 둔 것은 현대시에서 정전의 선정 과정과, 또 이 정전을 섭렵하는 과정에 있어서의 작품 주해 방식에 관한 사항이다. 그는 우선 정전에 대하여 교육의 현장에서 가르쳐야 할 대상으로서의 전범적인 '공식적 실험'이라고 정의를 내리면서, 시대를 초월하는 보편적인 정체성을 확립한 존재로까지 가치를 부여하고 있다. 그런데 실제 정전을 선정하는 과정에 대하여 정재찬은 번즈(G. L. Burns)가 말한 '정전화의 주제는 권력'이란 말을 인용하면서, 우리 사회의 지배적 담론이 자신에 유의미한 선택과 배제의 과정을 통해 정전을 구성했다는 점을 입증하기 위해 우리 시문학사에서 여러 근거를 들며 설득력 있게 진술하고 있다. 그리하여 정전의 형성은 겉으로는 보편적인 미학적 이유를 내걸지만, 실은 국가의 이념형과 분리될 수 없으며 아울러 그 이념은 이데올로기 국가 기구로서의 학교라는 제도를 통해 실현될 수밖에 없는 것이라고 주장한다.

여기서 문제되는 것은 정전이 항구적인 정체성을 갖지 못한 채, 하나의

---

4) 鄭在贊, 「現代詩 敎育의 談論에 관한 硏究」, 박사학위논문.(서울대학교 대학원, 1996)

역사적, 상황 맥락적 산물이면서 스스로를 절대화하고 그 밖의 담론들을 억압하고 은폐하기 마련이라는 것이다. 그리하여 학교 제도가 이를 일방적으로 학생들에게 전수시키는 기제 역할을 함으로써 일련의 왜곡을 불러일으킬 때, 이를 제지하고 돌이킬 어떤 제어 장치도 현 학교제도는 갖고 있지 못해 속수무책이라는 점이다. 또한 정전의 선정 과정에서도 어느 특정 집단의 견해와 담론에만 국한함으로 인해, 다양한 문학적 체험을 통해서만이 가능한 '삶의 총체성 이해'라는 문학교육의 목표를 구현하기 어렵게 만든다는 점이다. 아울러, 한쪽에 치우치지 않음으로써만이 실현 가능한 폭넓은 '문학적 문화의 고양'과 순수한 '미적 정서 함양'이라는 문학교육의 목표를 추구하는 것과도 위배된다는 것이다. 그리고 더 큰 문제는 '이런 정전의 섭렵을 통해 문학교육이 형성하고자 기대하는 주체란 비판적인 전망의 소유자라기보다는 지배적인 문학관을 수용하고 재생산하는 협소하고 단일한 전망의 소유자로'(정재찬, 1996 ; 97)밖에 학생들을 만들지 않을 수 없다는 점을 들고 있다.

또 학교 체제 중심의 문학교육과정은 문학 유산의 전승을 가장 중시해 온 전통이 있는데다가 학교의 보수적 성향과 이념적 성향과 더불어 고전 중심의 성향을 띠기 마련인데, 이러한 속성과 체제로는 학생을 둘러싼 사회 문화 환경이 보이는 문학 내용과 전달 방법상의 큰 변화와 다양성을 도저히 포용하고 어거하기 어렵게 한다는 한계점도 제기하고 있다. 그리하여 학교제도 자체가 지니는 전통 중시의 보수성과 이념성을 극복하고, 변모하는 현대의 문학 환경을 포용할 만한 여지를 갖도록 해야 할 것을 촉구한다. 그렇게 함으로써만이 문학교육이 학교 내에서만 한정되는 박제화를 면할 수 있고, 학교 외의 문화와 경험에도 적용시키고자 하는 문학교육의 본래의 목적을 이룰 수 있겠기 때문이다.

작품의 주해 방식으로는 현재 신비평 이론으로 대표되는 분석주의 관점이 중심부를 이루고 역사주의 비평이 이를 부분적으로 보완하는 관계로

서있는데, 문제는 분석주의 관점을 위주로 한 주해 방식을 강조하는 데서 오는 폐해가 문학교육 현장에서 엿보인다는 것이다. 곧, 유기체론을 근간으로 하여 생성된 분석주의 관점을 한갓된 이론이 아닌 자명한 이론으로 절대화시킴으로 인해, 읽기 방식을 제한할 뿐 아니라 나아가 학생들의 문화적 체험을 제한하는 결과를 낳는다는 것이다. 아울러 신비평적 분석주의 주해방식이 객관화와 본질화의 과정을 경과하면서 학생들로 하여금 비판적이며 창의적인 독법보다 폐쇄적이고 보수적인 독법으로 문학 작품을 대하게 만듦으로, 결과적으로 문학적 문화의 고양을 주체적으로 이루기보다는 작가와 교사의 권위에 종속되는 경향만을 띠고 말게 했다는 문제점을 추출해낼 수 있다.

## 4. 문학교육 수행자의 할 일(결론)

3장에서 살펴본 것 가운데, 우리나라 학교제도의 현황에 나타나는 대부분의 요소들은 문학교육의 목표를 제대로 구현하는 데 적잖은 걸림돌들로 작용함을 살펴볼 수 있었다.

이 걸림돌들 가운데는 윗사람을 존경하는 가치나, 성적 구별을 강조하는 것처럼 우리나라 전통적 사고와 도덕관념에서 나온 것이 있다. 그리고 집단에서의 책임감을 중시한 면들과 더불어 수업문화의 일반적 특징으로 제시된 많은 문제점들은, 대부분이 다인수 학급이라는 물리적 특성에서 비롯된 것들이다. 이 다인수 학급의 문제는 우리나라 경제사정의 호전과 더불어 호전되어 가는 과정에 있기 때문에 세월이 흐르면서 서서히 해소될 것으로 전망되지만, 세월이 흘러도 이 수업문화들이 개선되는 경향을 더디게 하는 이유는 다름 아니다. 바로 전통적 고정 관념에 갇혀서 문학교육을 계획하고 운영하는 교육 수행자의 타성에 젖은 행태라고 하겠다.

그렇게 타성에 젖다보니 우리 현대 문학계에서 새로 부상되는 고전들을 가려내는 일을 게을리하고, 그러다 보니 기존의 정전의 권위와 분석주의 주해 방식에 매여서 시대의 변화와 학생의 요구를 따르지 못한 나머지, 문학교육과 이를 담당하는 교육 수행자들은 자칫 시대에 뒤진 존재로 남게 될 우려가 있다. 이런 우려를 극복하자면 그동안의 타성과 고정관념에서 벗어나야할 텐데, 그러기 위해 우리 교육 수행자가 할 일은 다름 아니다.

우선 기존의 문학교육 형태에 대한 끊임없는 반성과 더불어 고전의 전수 못지않게 현대의 문학 장르와 전수 방식이 다양하게 변모해 가는 실태를 면밀히 살펴서 우리 문학교육의 계획과 운영 속에 반영할 수 있는 열린 마음을 가져야겠다고 본다. 좀 더 구체적으로 말하면 문학의 정전관을 고정시키지 말고, 문학교육에서 다룰 작품을 다양화시키며 현대화시키도록 하자는 것이다.

두 번째는 문학 작품보다 학습자를 중시하는 관점에서 교육과정이 운영되도록 해야겠다는 점이다. 이렇게 학습자를 중시하는 입장에서, 문학을 교수·학습하는 방법으로는 독자반응비평 이론을 많이 원용해야 한다고 본다. 그래야 학생들로 하여금 정전의 권위와 분석주의의 일방적인 주해 방식에서 벗어나, 학습자 스스로의 주체적인 창의적 독법을 추구하게 할 수 있겠기 때문이다.

세 번째는 교수학습 방법상에 학습자의 상호작용성을 더욱 강화하도록 하자는 점이다. 학교제도가 비록 앞서 3장에 열거한 대로 문제점도 있지만, 항시 문학교육에 역기능으로만 작용하지는 않는다고 본다. 혼자서 문학작품을 읽는 것보다 학교 제도가 만들어준 소정의 집단에서 여럿이 함께 감상할 때, 때로는 더 효과적일 수도 있는 것이다. 왜냐하면 서로 다양한 감상 결과를 학생 간의 상호작용에 의해 나눔으로써, 각자의 문학 감수 영역을 더욱 깊이고 넓힐 수 있겠기 때문이다. 다만 이런 순기능을 좀 더 확장시키려면 학생 간의 원활한 상호 작용을 다양하게 활성화시키 도록 하는 여러 전략(방략)과 프로그램을 계발할 필요가 있다.

이상의 지향점은 문학 교육의 내용물인 정전에 대하여 열린 관점을 갖자는 것과, 학습자를 중시하고 상호작용을 활성화시키기 위한 교수·학 습 방법을 모색하자는 것으로 요약할 수 있는데, 이런 지향점은 요즘 교육계 일각에서 일고 있는 대안학교 운동과도 통한다. 그리고 나아가, 초등학교에서 한 때 요원의 불길로 일어났던 열린교육의 기본 바탕과 일맥상통하는 면이 엿보인다. 대안학교는 기존의 학교 제도가 보이는 한계점을 극복하기 위한 대안으로 제시된 것이라 현재로서는 다소 막연하 고 묘연한 면이 엿보인다. 그러나 열린교육 운동은 기존의 학교체제 속에 서도 학습자의 개성을 존중하고 상호작용성을 강화시키며 우리가 추구하 는 이상적인 문학교육을 실현시키기 위한 대안을 제시하려한다는 점에서 그 의미를 찾을 수 있다. 이런 관점에서 문학을 통합 교육과정 운영의 중심부에 놓고, 문학을 통해 학교와 가정과 사회를 통합하는 주체로서 문학교육을 구상해볼 만도 하다. 이상의 노력이야말로 문학교육을 수행 하는 입장에서, 학교제도의 역기능의 폐단에만 책임을 전가한 채 안이한 자세로 남는 대신 좀 더 긍정적으로 문학 교육을 진척시키는 힘을 키워가 는 건설적인 길이라고 본다.

이러한 개선책과 지향점에 대한 좀 더 구체적인 논의는 후고로 미루기 로 하고, 본고에서는 다만 이들을 제언 형태로만 거론하여 맺음말을 대신 하는 것으로 그친다.

## 참고문헌

구인환 외, 《문학교육론》, 삼지원, 1988.
김영천, 《네 학교 이야기 - 한국초등학교의 교실생활과 수업-》, 문음사, 1997.

김은전, <국어교육과 문학교육>, 《사대논총》 제19집, 서울대 사범대학, 1979.

정동화 외, 《국어과 교육론》, 선일문화사, 1984.

鄭在贊, <現代詩 敎育의 支配的 談論에 관한 硏究>, 박사학위논문, 서울대학교대학원, 1996.

최현섭 외, 《국어교육학 개론》, 삼지원, 1996.

William Glasser, 이재신 역, 《실패없는 학교》, 교육과학사, 1986.

# 문학 교육과정 내용 선정을 위한 대안적 연구 방향

## 1. 서론

　문학교육과정의 내용을 제대로 선정하려면 과연 어떤 준거로 할 것인가?
　이 논제는 처음부터 국가수준의 교육과정을 만드는데 선행할 작업이요,
교육과정 가운데 7차 교육과정 이후 수위교과(首位敎科)이면서 국민공통
기본 과목으로 승격된 국어과, 그 중에도 국어과를 구성하는 6대 영역
중 하나인 '문학'영역 내용을 대상으로 한다는 점에서 연구의 의의와
한계를 지니고 있다. 아울러 교육과정 내용을 선정하기 위한 준거를 마련
하는 연구라는 점에서 다분히 원론적, 포괄적인 논의 가능성의 여지도
보인다. 전자로 치면 이 연구는 교육현장의 기틀이 되는 교육과정을 다룬
다는 점에서 실천적이고 구체적인 성격을 지니지만, 후자로 볼 때는 자칫
이론적이고 사변적인 경향으로 흐를 우려도 있다. 따라서 필자는 이 연구
가 위 두 가지 중, 어느 하나에 치우치지 않고 균형을 이룰 수 있도록,
다음과 같은 연구 범주와 순서로 논의를 전개해가고자 한다.
　우선 연구 범주는 국가가 고시하는 교육과정으로서, 국어과 문학 영역
교육과정에 들어갈 내용 선정으로 제한하고, 그 선정의 준거를 어떤 관점

에서 어떤 사항들을 들어야 하는가에 논의의 초점을 두기로 한다. 그리고 현행 제7차 국어과교육과정 문학영역 내용 체계와 학년별 내용을 검토하되, 자칫 전체를 대상으로 할 때 생기기 마련인 방만함을 방지하기 위해서, 대상 범주를 초등학교 1-6학년으로 한정하기로 한다.

이렇게 연구 대상을 특히 초등학교 학년으로 한정하는 이유는 다름 아니다. 중·고등학교에 비해 초등학교 경우는 문학교육이 교육과정 운영 중에나 교재 속에 명시적으로 구분되어있지 않음으로, 문학교육 내용 선정 준거를 더욱 분명히 해줘야할 당위성이 있는 까닭이다.

이 논제를 다루는 데 있어 또 하나 극복해야할 문제는, 그동안 문학교육과정의 내용 선정이 다분히 문학의 정통성과 그 권위에 매이거나, 문학 자체가 요구하는 논리와 가치에만 치중한 나머지, 정작 문학교육의 대상인 학습자의 위상이 상대적으로 소홀히 취급된 면이 있어왔다는 점이다. 따라서 이를 보완할 뿐 아니라, 5차 교육과정 이후 지금까지 지속되는 바, 구성주의 교육철학에 바탕을 둔 학습자 중심의 교육과정에 부응할 만한 새로운 문학 교육과정 내용 선정 준거가, 지금처럼 교육과정이 개정되는 시점에서 더욱 요긴한 것으로 다가온다. 그리고 이를 마련하기 위한 대안적 연구로서 학습자가 문학을 어떻게 받아들이고 반응하는지, 그들의 문학체험을 연구하는 일이 요즘 들어 가일층 필요한 시기라고 본다.

그리하여 이 글에서는 초등학교 6개 학년 범주 안에서 제7차 교육과정 내용을 검토하면서 내용선정 상의 문제점과 그 원인들을 규명해보고자 한다. 그리고 이를 해결하기 위해 선행할 만한 대안으로서, 학습자의 문학체험 연구의 의의와 더불어 그 개념과 방법을 제안해보고자 한다.

## 2. 제7차 문학 교육과정 내용상의 문제점 검토

　제7차 문학 교육과정의 내용은 과연 어떤 체제를 가지고 있으며 어떻게 구성되어있는가? 이 내용 체계와 실상을 살펴보고 문제점을 헤아려 본다면, 우리는 바로 이 내용 선정의 준거와 거기에 드러난 문제점을 짚어볼 수 있을 것이다. 아울러 그럼으로써 그 문제점을 개선할 좀 더 바람직한 내용 선정 준거를 가늠할 기틀을 얻을 수도 있으리라고 본다. 문학 영역만의 독자적 목표를 따로 설정하지 않은 7차 교육과정 체제에서는, 이처럼 문학교육 '내용 체계표'와 '학년별 내용' 실상을 검토하는 것이야말로 내용 선정 준거를 가늠하는 첫 번째 작업이라고 할 만하다.

　우선 제7차 문학 교육과정의 내용 체계표를 살펴보면, 그것은 '문학의 본질', '문학의 수용과 창작', '문학에 대한 태도' 및 '문학의 수용과 창작의 실제'로 구성되어있음을 알 수 있다. 그리고 이 체계 아래 각각의 하위 내용 요소를 선정해놓은 뒤, 초등학교 1학년부터 고등학교 1학년까지 10개 학년 수준의 학년별 교육 내용을 기술해놓고 있다. 국어과는 제7차 교육과정기부터 10년간의 국민 공통 기본 교육과정으로 승격시켜 운영하기 시작했기 때문이다.

　이 장에서는 먼저 현행 교육과정인 제7차 국어과 문학 영역 교육과정의 내용 체계를 소개하고, 이를 바탕으로 진술된 학년별 내용을 초등학교 6개년 지도내용에 한정하여 제시한 뒤, 그에 나타난 특성과 더불어 문제점 여부를 가려 비판적으로 논의해보기로 한다.

### 2.1. 제7차 국어과 교육과정 문학 영역 내용 체계 고찰

　교육과정 체제에서 교육과정 내용 진술에 앞서, '내용 체계'항을 설정하기 시작한 것은 제6차 교육과정기부터이다. 그리고 국어과 교육과정의 학년별 내용을 진술하기 앞서, 이 내용체계부터 도표화하여 제시한 이유는 각 학년별, 영역별로 다뤄야할 내용의 범주와 구조체계를 명시해보임으로써, 좀 더 체계적인 교육과정 운영에 기여할 수 있도록 하기 위한 것이다. 제7차 교육과정에서도 이 점을 이어받아 문학 영역의 경우, 다음 <표-1>과 같이 제시해놓고 있음을 알 수 있다.

〈표-1〉 제7차 국어과 교육과정기의 문학 교육과정 내용 체계

| 문학 | • 문학의 본질<br>- 문학의 개념<br>- 문학의 갈래<br>- 문학의 특성<br>- 한국 문학의 특질<br>- 한국문학의 기원과<br>  사적 전개과정 | • 문학의 수용과 창작<br>- 작품의 미적 구조<br>- 작품의 창조적 재구성<br>- 작품에 반영된<br>  사회·문화적 양상<br>- 문학의 창작 | • 문학에 대한 태도<br>- 동기<br>- 흥미<br>- 습관<br>- 가치 |
| --- | --- | --- | --- |
| | • 작품의 수용과 창작의 실제<br>- 시(동시)        - 소설(동화, 이야기)<br>- 희곡(극본)      - 수필 | | |

위 내용 체계표를 보면 다음 몇 가지의 문제점을 엿볼 수 있다.

첫째, 문학교육과정의 목표를 충실히 수행할 만한 체제가 되어있지 못하다는 점이다. 물론 제6차 국어과 교육과정 이후 현행에 이르기까지, 문학교육의 독자적인 목표가 따로 명시되는 체제는 아니었다. 다만 교육과정 전문(前文)에 국어과 6대 영역을 통합하여 '창의적인 국어 사용 능력 향상'을 설정하고 인지적·정의적 영역의 학습을 포괄하여 '종합적으로 제시했을 뿐이다. 그리고 여기에 덧붙여 각론에 들어가 인지적 교육 내용과 관련된 기본적 지식, 사상과 정서를 창의적으로 표현하는 능력, 그리고 국어 문화 창조에 기여하는 태도 형성 등으로 포괄적인 제시를 해놓고 있을 뿐이다.[1]

이와 같이 여기 교육과정 목표 항에 부분적으로 포함시킨 것들에다, 문학교육 연구자들 사이에 대체로 합의된 다음 네 가지 사항, 곧, 상상력의 발달이나 삶의 총체적 이해, 심미적 정서의 함양 및 문학적 문화의 고양과, 민족정서 함양이라는[2] 목표를 첨가시킨 뒤, 이들이 과연 위 체계표 속에 제대로 수용되어 있는지 살펴볼 필요가 있다.

우선 '문학의 본질' 항에 제시된 교육 내용은 문학에 관한 명제적 지식들로서 문학 영역의 목표 구현을 위한 문학 활동에 필요한 기본 지식들로 이루어져 있다. 그런데 여기 제시된 문학의 특성과 갈래 및 한국문학의 특질과 사적 전개에 관한 지식들이 과연 문학 영역 목표 구현을 위한 기본 지식이라고 할 수 있겠는가 하는 점이다. 이들 문학 지식들을 '아는 것'은 문학 일반과 한국 문학의 개념을 인식하고 이해하는 데는 필요한 명제적 지식일 수 있지만, 상상력의 발달, 심미적 정서의 함양 및 총체적 삶의 이해까지 추구하는 바, 목표 구현 면과는 거리감이 많다고 보기 때문이다. 이 거리감을 메우기 위해서는 그 중간 과정을 이어주기 위한 몇몇 차원에 걸친 개념들이 보충되어야한다고 본다. 예컨대 문학 교육 목표를 위한 필수불가결한 활동으로서 작품의 감상과 창작 활동의 구체 사항들을 전제해두고서, 이들 활동들을 제대로 수행하기 위해 없어서는 안될 명제적

---

1) 제7차 국어과교육과정 목표

> 언어활동과 언어와 문학의 본질을 총체적으로 이해하고, 언어활동의 맥락과 목적과 대상과 내용을 종합적으로 고려하면서 국어를 정확하고 효과적으로 사용하며, 국어 문화를 바르게 이해하고, 국어의 발전과 민족의 언어문화 창달에 이바지 할 수 있는 능력과 태도를 기른다.
> 가. 언어활동과 언어와 문학에 대한 기본적인 지식을 익혀, 이를 다양한 국어 사용 상황에서 활용하는 능력을 기른다.
> 나. 정확하고 효과적인 국어 사용의 원리와 작용 양상을 익혀, 다양한 유형의 국어 자료를 비판적으로 이해하고, 사상과 정서를 창의적으로 표현하는 능력을 기른다.
> 다. 국어 세계에 흥미를 가지고 언어 현상을 계속적으로 탐구하여, 국어의 발전과 국어 문화 창조에 이바지하려는 태도를 기른다.

2) 최현섭 외, <국어교육학개론>, 삼지원, 1996, p.433-438.

지식으로서의 문학의 특성과 갈래에 관한 사항들이 언급되어야할 것이다.

그다음 '문학의 수용과 창작' 항에 제시된 교육 내용들은 작품 수용과 창작 활동을 위한 절차적 지식과 원리들로 구성되기를 기대하지만, 실제는 네 가지 항으로 다소 소루하게 제시되고 있음을 본다. 그 중에서도 주로 작품 수용에 한정하여 세 가지 하위 항목이 제시되고 있는데, 우선 '작품의 미적 구조' 항목에서는 문학 구조주의 이론가들의 영향을 엿볼 수 있다. 이어서 '작품의 창조적 재구성' 항목에서는 좀 더 학습자 중심의, 적극적인 작품 수용을 강조하는 독자반응 이론가들의 입김을 맡을 수 있다. 그리고 '작품에 반영된 사회·문화적 양상' 항목에서는 리얼리즘적인 반영론자들의 영향을 감지하게 된다. 그러나 여기에는 문학 구조주의 이론과 독자반응이론과 반영이론을 암시하는 구절들의 단순한 나열만 있지, 이들을 효과적으로 운용함으로 기대할 수 있는 바, 문학 수용과 창작의 이상적 모형이나 원리는 어디에서도 찾을 수 없다. 그리고 '문학의 창작' 경우는 따로 하위 항목이 없이 창작으로만 제시되어 있는데, 이런 현상은 그 자체가 창작 활동을 위한 절차적 지식이 제대로 체계조차 갖춰지지 못했음을 의미하는 것이라고 볼 수 있다.

이 항에 제시된 교육 내용들이 총체적으로 작용하여 학습자의 상상력을 발달시키고, 심미적 정서를 함양하며 삶을 총체적으로 이해하게 하고, 문학적 문화를 고양시킬 뿐 아니라 민족 정서를 이해하고 습득하게 하는 데까지 나아가도록 하는 데 주효한 것들이 되려면 이것만으로는 부족하다. 문학교육 목표 구현에 좀 더 실질적인 교육 내용들이 될 학습자의 문학 활동으로서, 효과적인 문학 감상과 창작을 위한 최소한의 명제적, 절차적 지식 및 초인지적 점검 활동의 요체들이 교육 내용 체계에 제시되어야겠는데 그 점이 미흡하다는 것이다. 예컨대, 학습자들이 문학의 수용·창작 활동을 통해 '무엇'을 알고, 느끼고, 깨닫게 할 것인지, 좀 더 구체적으로 말해서 학습자들에게 느끼게 하려는 정서는 무엇인지, 심미적 사고의 내용은 무엇인지 등에 대한 최소한의 시사점도 보여주지 못한다는 점이다. 그리고 단지 현행 교육 내용체계표의 '문학의 본질' 항에 제시한 명제적 지식이나, '문학의 수용과 창작' 항에 기술한 바, 수용과 창작 활동의 절차적 지식들이, 상호 긴밀한 연관성 없이 기계적으로 나열되어 있을 뿐이다. 그러나 내용 체계표의 여건상 개괄적인 나열이 부득이한 것이라면, 이를 구체화시켜낸 '학년별 내용'을 검토할 다음 항에서 거기 제시된 교육내용들이 과연 얼마나 구체적이며 체계적인지를 살펴보기로 한다.

'문학에 대한 태도' 항에 설정된 소항목은 문학에 대한 '동기, 흥미, 습관, 가치' 네 항목으로 설정되어 있다. 그런데 문제는 이 네 항목이 듣기, 말하기, 읽기, 쓰기, 그리고 국어지식 영역에도 제시한 태도 항목들과 모두 일치한다는 점이다. 국어과 교육과정의 이 '태도'는 정의적이면서 가치관적인 방면을 다루는 요소로 이해, 기능 요소와 차별성을 둔다. 그런데 문학 영역의 경우, 특히 심미적 정서와 민족 정서 등 정의적 요소는 어느 다른 영역보다 중시되고 큰 범주를 차지해야 할 것인데도 불구하고 국어사용 영역이나, 국어지식 영역이나 다를 바 없이 네 항목으로 규정한다는 점이 문제이다. 이 문제는 결국 이 분야를 소루하게 취급하고 적절한 배려를 하지 못한 결과로밖에 보이지 않는다. 결과적으로 교육과정 상에서 문학 고유의 정서적, 가치관적 측면은 제대로 반영되지 못한 내용 체계임을 알 수 있다.

끝으로 '작품의 수용과 창작의 실제'항은 소위 서정, 서사, 희곡, 교술의 4대 장르별로 각각의 대표 장르명을 나열하는 형태로 구성되어 있다. 그러나 이 네 가지 장르가 문학 작품의 중심을 이루는 것이 사실이긴 하지만, 이런 분류만으로는 문학 장르의 속성상, 지속적으로 변모·발전하기 마련인 점을 담아내지 못하고 있다는 점과, 과학 문명의 급속한 발전으로 인해 문학 향유 형태도 날이 갈수록 달라져가고 있는 현실을 제대로 담아내지 못하고 있다는 점이 문제로 남는다.

## 2.2. 학년별로 선정된 내용 고찰

국어과 교육과정에서는 6차 교육과정 이후 지금까지 국어 교육 일반 목표만 제시하고 학년별 목표는 제시하지 않고 있다. 이는 5차 교육과정 때처럼 목표·내용 간의 논리적 위계상의 문제를 낳지 않도록 하기 위한 노력의 소산으로, 학년별 목표를 선언적으로 제시하는 대신에 아예 학년 별 내용 진술로 이를 대체하고 있음을 본다. 그대신 문학 교육 내용은 그 구체적인 목표에 부응하는 바, 학습자의 목표 도달점 행동 진술로 되어있음을 알 수 있다.

다음<표-2>는 1학년부터 6학년까지의 교육과정에 제시된 문학교육 내용을 표로 정리한 것인데, 그 학년별 내용을 살피면서 문제점을 짚어보 고자 한다.

〈표-2〉 문학교육 과정 학년별 내용(1-6학년)

| |
|---|
| 1학년 (1-1) 작품에 표현된 말에서 재미를 느낀다.<br>(1-2) 작품에 나오는 인물의 모습이나 성격을 상상한다.<br>(1-3) 작품을 즐겨 찾아 읽는 습관을 지닌다. |
| 2학년 (2-1) 작품에 반복적으로 나타나는 말의 재미를 느낀다.<br>(2-2) 이어질 내용을 상상한다.<br>(2-3) 재미있는 말이나 반복되는 말을 넣어서 글을 쓴다.<br>(2-4) 작품에 흥미를 가지고 즐겨 읽는 습관을 기른다. |
| 3학년 (3-1) 작품에는 일상의 세계와 비슷한 상상의 세계가 담겨 있음을 안다.<br>(3-2) 작품에서 사건이 전개되는 과정을 파악한다.<br>(3-3) 작품의 분위기를 살려서 낭독한다.<br>(3-4) 작품에 나오는 인물이 되어 본다.<br>(3-5) 작품을 스스로 찾아 읽는 습관을 기른다. |

| |
|---|
| 4학년 (4-1) 작품의 구성 요소를 안다.<br>　　　(4-2) 작품의 구성 요소를 통하여 주제를 파악한다.<br>　　　(4-3) 작품의 구성 요소를 창조적으로 재구성한다.<br>　　　(4-4) 작품에 나타난 인물의 삶의 모습을 이해한다.<br>　　　(4-5) 작품에 나오는 인물의 사고 방식을 이해한다.<br>　　　(4-6) 읽은 작품에 대해 독서록을 작성하는 태도를 지닌다. |
| 5학년 (5-1) 작품은 읽는 이에 따라 수용이 다를 수 있음을 안다.<br>　　　(5-2) 작품에서 사건의 전개 과정과 인물의 관계를 이해한다.<br>　　　(5-3) 작품에서 인상적으로 표현한 부분을 찾는다.<br>　　　(5-4) 작품에 나오는 인물의 다양한 삶을 이해한다.<br>　　　(5-5) 작품의 일부분을 창조적으로 바꾸어 쓴다.<br>　　　(5-6) 작품에 대한 생각이나 느낌을 글로 표현하려는 태도를 지닌다. |
| 6학년 (6-1) 문학의 갈래를 안다.<br>　　　(6-2) 작품에서 사건의 전개와 배경의 관계를 파악한다.<br>　　　(6-3) 작품에 나오는 여러 가지 감각적 표현을 음미한다.<br>　　　(6-4) 작품에 창의적으로 반응한다.<br>　　　(6-5) 작품에 반영된 가치나 문화를 이해한다.<br>　　　(6-6) 작품을 다른 갈래로 표현한다.<br>　　　(6-7) 가치 있는 작품이나 영상 자료 등을 선별하여 읽는 태도를 지닌다. |

우선, <표-2>에서 초등학교 6개년 간의 학년별 교육 내용으로 선정된 전체의 체계를 살펴보면 다음과 같은 특징을 엿볼 수 있다. 학년이 올라감에 따라 내용 항목수가 많아지면서 3학년부터는 '본질', '수용과 창작', '태도'라는 3분법적 체제를 드러낸다는 점이다. 곧, 각 학년의 첫 번째 내용은 '본질'에 해당하는 것으로, '아는 것'으로서의 명제적 지식에 관한 교육 내용답게 '-안다'라는 술어로 진술되어 있다. 또한 각 학년의 맨 끝 내용은 '태도' 항목에 속하는 교육 내용들로 구성되어있다. 그리고 맨 처음과 끝을 뺀 나머지 중간의 내용들은 모두 '문학의 수용과 창작'이라는 항목명 속에 들 만한 '활동' 관련 교육 내용들로 되어있다.

이런 3분법적 체계를 토대로 하여 학년별 내용을 도표화하면 다음 <표-3>과 같다.

〈표-3〉 3분법적 체계로 구성된 학년별 문학 내용

| 학년 | 1학년 | 2학년 | 3학년 | 4학년 | 5학년 | 6학년 |
|---|---|---|---|---|---|---|
| 본 질 | | | (1)작품엔 일상세계와 비슷한 상상세계가 담겨 있음 알기 | (1)작품의 구성 요소 알기 | (1)작품 수용이 다양할 수 있음을 알기 | (1)문학의 갈래 알기 |
| 문학의 수용과 창작 — 작품의 미적 구조 | (1)말에서 재미 느끼기 | (1)반복적으로 나타나는 말의 재미 느끼기 | (2)사건이 전개되는 과정 파악하기 | (2)구성요소를 통하여 주제 파악하기 | (2)사건 전개 과정과 인물의 관계 이해하기 | (2)사건전개와 배경 관계 파악하기 (3)여러감각적 표현 음미하기 |
| 문학의 수용과 창작 — 작품의 창조적 재구성 | (2)인물의 모습이나 성격을 상상하기 | (2)이어질 내용 상상하기 | (3)분위기 살려 낭독하기 | (3)구성 요소를 창조적으로 재구성 하기 | (3)인상적으로 표현한 부분 찾기 | (4)작품에 창의적으로 반응하기 |
| 문학의 수용과 창작 — 작품의 사회·문화적 양상 | | | | (4)인물의 삶의 모습 이해하기 | (4)인물의 다양한 삶이해하기 | (5)작품에 반영된 가치나 문화 이해하기 |
| 문학의 수용과 창작 — 문학의 창작 | | (3)재미있는 말이나 반복되는말을 넣어 글쓰기 | (4)작품에 나오는 인물 되기 | (5)인물의 사고 방식 이해하기 | (5)작품의 일부분을 창조적으로 바꾸어 쓰기 | (6)작품을 다른 갈래로 표현하기 |
| 태 도 | (3)작품을 즐겨찾아 읽는 습관 | (4)작품에 흥미를 가지고 즐겨 읽는 습관 | (5)작품을 스스로 찾아 읽는 습관 | (6)독서록을 작성하는 태도 | (6)작품에 대한 생각·느낌을 적극적으로 글로 표현하려는 태도 | (7)가치있는 작품이나 영상자료 등을 선별해 읽는 태도 |

우선, '본질'항은 초등학생이 도달해야 할 인지적 요소로서, '아는 것'의 대상이 될 문학 교육 내용이다. 여기에는 작품의 허구성, 작품의 구성요소, 독자에 따른 작품수용의 다양성, 및 문학의 장르 인식 등의 순서로 열거되어 있다. 그러나 문제는 이들이 문학의 핵심되는 명제적 지식일 수는 있어도 이들 상호 간의 연계성이나, 이들 각각이 해당 학년의 '문학의 수용과 창작' 항목들과 맺을 연관성 면에서 아무런 당위적 근거를 갖지 못하다는 점이다.

　'문학의 수용과 창작'항은 다시 내용 체계표에 제시된 대로, '문학의 수용'에 세 개 항목, '창작'에 한 항목으로 배분되어있는데, 그중 '문학의 수용'에 해당하는 세 개 항은 각기 문학 구조주의 이론, 독자반응이론, 및 리얼리즘적 반영이론과 짝을 지울만한 내용이요, 문학 수용 활동 관련 항목들이다.

　우선 '작품의 미적 구조'항은 말의 재미 느끼기, 그중에도 첩어, 반복어의 묘미 맛보기를 시발로 하여 사건의 전개과정, 서사 구성요소를 통한 주제 파악하기, 사건 전개와 인물과의 관계 및 사건전개와 배경과의 관계 이해하기, 그리고 여러 감각적 표현 음미하기 순으로 구성되어있다. 그러나 문제는 이처럼 문학 언어의 맛 → 플롯의 묘미 → 구성 요소와 주제 파악 → 플롯과 작중인물 관계 → 플롯과 배경 관계 및 감각적 표현 음미로 이어지는 바, 학년 간 순서의 필연성을 뒷받침할 만한 근거가 뾰족히 없다는 점이다. 그리고 이 '작품의 미적 구조'항의 내용들이 같은 학년 내의 '작품의 창조적 재구성'이나, '문학의 창작' 등 어느 항목과도 긴밀한 연관성을 갖지 못한다는 점이다. 예컨대, 작품의 미적 구성요소 가운데 하나인 작중 인물 요소가 타 항목에서는 1, 3, 4학년에도 비치는데, 정작 '작품의 미적 구조'항에서는 5학년에 처음 그 요소명이 제시되고 있는 실정이다.

　그 다음 독자반응 이론 입장과 연관되는 '작품의 창조적 재구성'항에서

도 '작중 인물의 모습이나 성격 상상하기'로부터 '분위기 살려 낭독하기'
와 '작품에 창의적으로 반응하기'에 이르기까지 여러 내용이 제시되는데,
과연 여기 제시된 각 학년별 창조적 재구성 대상이나 활동이 각 학년별
학습자의 발달도에 비춰볼 때 적절한가 여부를 가릴만한 연구가 미흡하다.

리얼리즘적 반영이론과 연관되는 바, '작품에 반영된 사회·문화적 양
상' 항목은 4학년의 '인물의 삶의 모습 이해하기'로부터 비롯하는 점은
중학년 아동이 주로 작중인물에 감정이입시켜 인물 중심으로 작품의 경개
를 파악하는 경향이라는 점을 고려할 때 어느 정도 합리적이라고 본다.
그러나 6학년의 '작품에 반영된 가치나 문화 이해하기'는 다소 모호한
진술이다. 그래서 그 또래의 발달도에 걸맞는 '가치나 문화 이해'의 범주
와 수준을 어느 정도 밝혀줄 만한 좀 더 구체화된 언급이 요구된다.

그다음 '문학의 창작'항은 저학년의 '작품의 미적 구조'항에 이미 제시
된 바와 연관 져서, 2학년부터 '재미있는 말이나 반복되는 말을 넣어
글쓰기'로 시작하고 있다. 그리고 중학년에는 작중인물 중심으로 감정이
입을 시켜 자기화하는 적극적, 창의적 읽기를 바탕으로 '작품에 나오는
인물되기', '인물의 사고 방식 이해하기'를 제시하고 있는데, 이는 '작품의
창조적 재구성' 항목의 내용들과도 자연스럽게 상통하는 점이 있다. 그리
고 고학년에 가서는 작품의 일부분을 바꿔쓰거나, 다른 갈래로 표현하는
활동으로 이어지고 있다. 따라서 초등학교 경우는 그 발달 수준에 맞춰서,
본격적인 창작이라기보다는 '재미있는 말'의 활용, 적극적이고 창의적인
독서의 일환, 그리고 정본의 개작활동 등으로 그 수준과 규모를 제한하고
있음을 본다. 그러나 그 창작 활동의 정체성면에서나, 활동 상호 간의
긴밀성 면에서 아직 소루한 면을 띠고 있음도 알 수 있다.

끝으로 '태도'항을 살펴보면 1, 2학년의 '즐겨 읽는 습관'으로부터 시작
하여, 3학년의 '스스로 찾아 읽는 습관'에 드러내는 바, 의도적인 독서
태도로 이어지고, 4학년의 '독서록을 작성하는 태도'와, 5학년의 '작품에

대한 생각과 느낌을 '적극적으로 글로 표현하는 태도'로 이어지면서 계획적인 독서 태도로 발전하고 있다. 그리고 6학년에 가서는 '가치 있는 작품과 영상자료를 선별해 읽는 태도'로 나아가면서 시의적절하게 감상 대상 범위를 영상 매체로까지 확장하고 있음을 본다.

그런데 1학년부터 5학년까지에 이르는 흥미와 의도성을 띤 독서 태도 함양은 정의적 내용으로 합당하지만, 가치 있는 작품이나 영상물을 선별해 읽는 것은 내용의 특성으로 볼 때 '태도'이기 앞서 작품의 장단점을 선별해내는 능력에 더 관련되는 일이라, 여기 정의적 측면 위주의 '태도' 항에 넣기에는 걸맞지 않은 내용이라고 본다. 아울러 '영상자료'에 관한 언급도 '문학의 수용과 창작'항은 물론 '태도'항의 10개 학년 전체 중에 여기에만 제시됨을 보아, 타 항목과의 연관성은 전혀 고려된 것이 아님을 알 수 있다.

이상에서 살펴본 결과, 현행 교육과정에서는 문학 영역 내용 체계표상에서나, 이를 구체화한 초등학교 6년간의 학년별 내용에서나, 문학교육 목표를 제대로 구현할 만한 체재를 갖추지 못했고, 또 그럴 만한 내용도 아님을 알 수 있었다. 특히 이 체계표는 학습자의 문학 체험이 갖는 심미적·정서적 특징을 충분히 반영하고 드러낼 수 있는 항목으로 체계화되어 있지 못하다는 점도 드러났다. 예컨대, '문학의 본질' 항은 문학개론 차원의 일반적인 인지적 내용으로만 되어 있고, '문학의 수용과 창작' 항은 문학 수용과 창작 체험을 드러내기보다는, 몇 가지 쉽게 설명되는 텍스트 구조나 구성 요소 중심으로 이루어져 있어 문학 체험이 갖는 심미적 요인이나 정서적 요인을 제대로 드러낼 만한 체재가 못 된다는 점이다. '문학에 대한 태도' 항도 문학 체험의 실제에서 배어나는 정의적, 가치관적 특성을 드러내는 대신, 다른 영역과 다름없이 동기, 흥미, 습관, 가치의 나열로 일관할 뿐이라는 점이다.

그리고 내용 체계표상의 '문학의 수용과 창작'항을 구체화시킨 내용 가운데 '작품의 미적 구조'항을 보더라도, 문학 구조주의 이론에서 나온 문학 구조 성분들의 나열만 있지, 그들 상호간의 연관성은 물론, 해당 학년 학습자의 발달도와의 연관성이 미흡하다는 점도 엿보인다. 이점은 뒤따르는 '작품의 창조적 재구성'항에서나, '작품에 반영된 사회·문화적 양상'항에서도 똑같이 드러난다. 그리고 '문학의 창작'항에서는 활동들 상호 간의 긴밀성면에서나, 창작활동의 정체성 면에서나 역시 미흡한 점을 많이 드러내 보이고 있다. 비록 각 항마다 리얼리즘 반영이론이나, 문학 구조주의이론이나, 독자반응이론 등의 입장에서 여러 활동과 개념들이 나열되지만, 이들 상호 간의 연관성이나, 해당 학년 또래의 발달도와의 연관성을 뒷받침해줄 만한 근거를 어디에서도 찾을 수 없다.

그러면 과연 이런 문제점을 노정하게 하는 궁극적인 원인은 어디에 있을까? 그리고 그런 원인을 극복할 방도는 어떻게 찾을 수 있을까? 이러한 사항은 이제 다음 절에서 논의할 과제로 넘기고자 한다.

## 3. 문학 교육과정 내용 선정 준거 마련을 위한 문학체험 연구

앞 절에서 필자는 현행 문학교육과정의 내용 선정에 문제점을 살펴보고, 그 원인이 내용 선정을 뒷받침해줄 만한 연구 결과가 매우 소루함을 들었다. 이 절에서는 이 문제를 극복하기 위해 선행할 일로서 문학교육연구의 당위성을 들되, 좀 더 구체적으로 학습자에 초점을 두고 그들의 문학체험의 실상을 연구해야할 당위성과 방법에 대하여 제언하는 형식으로 개진해보고자 한다.

## 3.1. 학습자의 문학 체험을 대상으로 한 연구의 필요성

그동안 문학교육과정의 구조와 내용 선정에 관한 논의는 1993년도 박인기[3] 이래, 본격적으로 시작하여 간헐적으로 이루어지다가, 우한용 외 <문학교육과정론> 제2부[4])에서부터는 텍스트중심, 학습자 중심, 사회·문화적 맥락 중심의 논의로 세분하여 논의하는 모습을 보였다. 그리고 이어서 박인기는 문학교육 내용관에 의거하여 내용 범주를 '장르적 범주', '수용적 범주', '주제적 범주', '속성적 범주'로 나누기도 하고[5], 최근에 와서는 문학 교육 내용 선정 준거를 구인환 외 <문학 독서 교육, 어떻게 할 것인가>[6]에서 보듯이, '본질 준거', '도야론적 준거', '소통론적 준거'로 유형화시켜 보는 견해도 선보였다. 이상의 논의들은 대체로 문학 교육과정 내용을 선정하는 데 있어서 3대 요소인 문학 텍스트, 학습독자 및 이를 둘러싼 사회·문화적 환경을 중시하여 이들을 기틀로 삼아 논의를 전개하고 있음을 알 수 있다. 그리고 이 세 요소 각각을 뒷받침해주는 것으로, 문학 구조주의 이론, 독자 반응 이론, 리얼리즘적 반영 이론의 면모와 그 영향력을 엿볼 수 있었다.

그러나 여기서 드러나는 문제는 다름 아니다. 비록 이런 이론들이 우리 문학교육과정 속에 엿보인다 하더라도, 아쉽게도 이들을 통해서는 텍스트, 독자, 환경이 상호작용하며 일어나는 교실에서의 문학 현상을 제대로 해석해내는 데는 한계가 있다는 점이다. 그리고 이 문학 이론들만 가지고는, 교실에서 영위되는 문학 수용과 창작 활동을 제대로 해석하고 안내할 만한 원리나 이론 구실을 충실히 해낼 수 없다는 점이다.

그러한 문제점을 노정하게 하는 궁극적인 원인은 무엇일까? 이는 다

---

3) 박인기, '문학교육과정의 구조에 관한 연구', 박사학위 논문, 서울대 대학원, 1993. 9.
4) 우한용 외, <문학교육과정론>, 삼지원, 1997, p.136-243.
5) 최현섭 외, <국어교육학개론>, 삼지원, 1996, p.438-443.
6) 구인환 외, <문학독서교육, 어떻게 할 것인가>, 푸른사상, 2005, p.229-240.

름 아니라 그 세 요소 중, 문학 현상의 주체가 되는 학습독자에 대한 관심이 아직 부족하기 때문이라고 본다. 곧, 학습독자가 작품을 읽으면서 겪는 문학 체험의 실상이 어떠한지에 대한 실태 조사 연구가 제대로 이뤄지지 않고 있다는 점이다. 그러다보니 학습자들의 문학 체험의 심미적, 정서적 측면을 제대로 체계적으로 해석하거나, 예측하거나, 안내할 만한 연구 뒷받침이 미흡해질 수밖에 없기 마련이다.

물론, 문학교육과정 내용 선정의 준거를 제대로 제시하기 위한 연구를 하는데 있어서는 우선 문학 교육에 대한 목표 세분화 연구가 선행되어야 할 것이다. 거기서 문학교육의 일반목표를 해당 학년에 걸맞는 하위목표로 상세화하는 연구가 필요하다는 것이다. 거기에 이어서 문학텍스트에 대한 연구도 필수적이다. 특히 초등학교, 중학교 학습자들에게는 일반 문학과 차별성을 두는 아동문학, 청소년 문학이 대상이 됨으로, 이들의 문학적 특성과 더불어 이들이 학습독자에게 끼치는 효과에 대한 실태 연구가 필요하다고 본다. 거기에 덧붙여 학습독자를 둘러싼 문학 수용과 표현상의 변이 양상에 대한 연구도 필요하다. 그래야 텍스트의 탈인쇄 매체적인 변용이 일반화되는 현재와 미래를 대응할 만한 문학교육내용 선정 연구의 기초가 될 수 있겠기 때문이다.

그런데 주목할 점은 이와 같은 학습자의 문학 활동의 변화에 대한 연구는 물론, 해당 학년에 걸맞는 목표의 상세화 연구나, 학습자가 선호할 텍스트 연구나, 모두 문학 교육의 주체인 학습자에 초점을 두고 있다는 것이다. 그리고 그들이 어떻게 문학 체험을 하는지에 대한 관심사가 이들 모든 연구를 꿰는 주축이 되고 있다는 점이다. 따라서 학습자를 주체로 한 문학 체험 연구야말로 문학교육연구의 기초가 된다고 할 수 있다.

## 3.2. 문학체험 연구의 개념과 방법

그러면 이런 문학 체험을 연구한다는 것은 과연 무엇을 뜻하는 것인가? 이것은 한마디로 학습자가 문학 작품을 통해서 무엇을 알고, 느끼고 행하며 어떻게 자신의 정서적 삶과 관련을 맺거나 조절해가는지를 연구하는 것이다. 이런 문학 체험 연구를 통해서만이 학습자를 둘러싼 문학 현상의 여러 관점들이 상호 어떻게 관련되는지 밝힐 수도 있을 것이다.

이런 문학체험을 좀 더 상세화하기 위해서는 학습독자가 문학을 대상으로 하여 '아는 것', '하는 것', '느끼는 것', '다시 아는 것'으로 구분지어서 그 구체상을 검토해볼 필요가 있다고 본다. 이 중에 '아는 것'과 '하는 것'의 구분은 일반적인 명제적 지식과 절차적 지식의 구분과도 통하는 것인데, 국어사용능력 신장을 지상 목표로 한 국어교육 내용의 일반적 구분법7)으로 선호되기도 한다. 그러나 이는 혹시 듣기, 말하기, 읽기, 쓰기 영역의 경우처럼 주관심인, 문제해결력을 위주로 한 논리적 사고력 함양에는 걸맞는 구분법일지는 몰라도 문학 교육의 내용 구분에는 적절하지 못하다. 왜냐하면 문학 영역은 인간 삶의 형식과 관련된 심미적 체험이나 심미적 사고 능력을 대상으로 삼기 때문이다. 문학 교육이 갖는 특징, 즉 문학을 통한 인간의 심미적 사고와 정서적 고양을 주로 다룬다는 차별성은 '아는 것'과 '하는 것'의 이분법만으로는 문학 영역의 전부를 다 수용할 수 없다. 문학 영역에는 그 세계에 감정이입을 해서만이 얻어낼 수 있는 느낌, 정념, 감동, 감정의 변화 따위의 체험의 세계가 있기 때문이다. '아는 것'에서의 앎은 주체와 분리된 상황의 지식이고, '하는 것'에서의 행위는 상황이 요청하는 것을 받아들이는 모종의 의식적 행동이라고 할 수 있다. 그러나 체험하고 '느끼는 것'은 앞서의 인지적, 의도적 행위와는 달리 세계와 거리두기를 하지 않고 감정이입하듯이 그에 빠져드는

---

7) 조영태, 『교육 내용의 두 측면: 이해와 활동』, 서울: 성경재, 1998.

것이다. 이런 심미적 사고와 정서를 고양시키는 면을 지닌 문학 체험에서는 '느끼는 것'이 포함되지 않을 수 없다고 본다. 그 외에 우리가 문학작품과 상호작용하면서 겪는 문학체험 과정에서 또 하나 고려할 것은, 체험의 주체인 우리가 작품과 세계만 보지 않고 스스로를 되돌아보면서, 자신의 앎과 행위와 정서를 인식도 하고 자기 조절도 하는 메타적 경험을 갖고 있다는 점이다. 따라서, 문학 체험은 '아는 것', '하는 것' 외에도, '느끼는 것'과 더불어 '다시 아는 것'[8]이란 구분 요소를 추가함으로써, 메타적 체험까지 포괄하는 것으로 개념화할 수 있다고 본다.

이상의 논의를 바탕으로 문학 체험을 <아는 것>, <하는 것>, <느끼는 것>, <다시 아는 것>으로 구분하고 이를 토대로 문학체험 특성 연구 분야를 구분하여 살펴보면 다음 표와 같다.

〈표-4〉 문학 체험 특성 연구 분야

| 요소 　　　　　　　　문학체험 | 아는 것 | 하는 것 | 느끼는 것 | 다시 아는 것 |
|---|---|---|---|---|
| 각 장르 및 텍스트 특징 | 1 | 2 | 3 | 4 |
| 학습자 특성 | 5 | 6 | 7 | 8 |
| 사회 문화적 특성 | 9 | 10 | 11 | 12 |

<표-4>에서 가로항은 학습자의 문학체험을 세분화한 것이고, 세로항은 그 문학체험에 영향을 주는 문학소통상의 내적 외적 요소 내지 요인이다. 이 중에 <표-4>의 1, 2, 3, 4에 해당하는 난은 문학의 여러 갈래별 특징과 작품의 특성이 그것을 읽는 학습자에게 어떤 영향을 주는지를 살펴내는

---

8) 이것은 진선희가 명명한 것으로, 여기서 <다시 아는 것>은 단지 <아는 것>에 대한 메타 인지만을 의미하는 것이 아니라 <하는 것>, <느끼는 것>의 문학 체험에 대한 초인지적 면도 포괄하는 개념으로 쓰인다.
Cf) 진선희, '학습독자의 시적체험 특성에 따른 시읽기 교육내용 설계연구', 박사학위논문, 한국교원대대학원, 2006.

영역을 가리킨다. 그러니까 독서하는 학습자의 문학체험 가운데 텍스트 요인이 인지적 면에서, 정의적 면에서, 초인지적 면에서, 각기 어떤 영향을 주는지를 조사 연구하는 것이다. 만일 문학텍스트 중, 환상동화와 사실동화의 특성에 따라 학습자의 문학체험이 어떻게 달라졌는지를 살펴내는 연구를 기획했다면 여기에 해당하는 예가 될 것이다.

그에 비해 <표-4>의 5, 6, 7, 8난은 학습자 개개인의 흥미도, 발달도 등이 요인이 되어 문학체험에 어떤 영향을 주는지를 조사 연구하는 영역을 가리킨다. 2학년부터 6학년까지 1,101명의 학습자들에게 시를 읽어주고 감상문을 받아낸 뒤, 그것을 분석하여 학년별 특성을 살펴낸 진선희의 연구9)가 그 예가 될 것이다. 그리고 <표-4>의 9, 10, 11, 12난은 학습자와 텍스트를 둘러싼 시대적, 사회적 문화 특성과 그 변모 양상이 요인이 되어 학습자의 문학체험에 영향을 주는 경우를 연구하는 영역을 가리킨다.

이와 같은 학습자의 문학체험에 관한 기초조사 연구가 다각도로 이뤄질 때에야 비로소 우리는 그것을 토대로 한 학습자의 문학능력과 태도의 현주소를 알 수 있을 뿐 아니라, 학습자를 주체로 한 텍스트 요인과 사회·문화적 요인 간의 관계도 밝혀내어서 이상적인 문학교육 내용 선정의 준거를 세울 근거를 마련할 수 있을 것이다. 그리고 이를 바탕으로 할 때, 문학영역 교육과정 내용의 수준과 체계 정립에도 더욱 구체적이고 확실한 근거를 가져올 수 있으리라고 본다.

## 4. 결론

지금까지 본고는 제7차 문학교육과정의 내용 체계와 학년별 내용을 초등학교에 한정해서 살펴보고 그 문제점과 원인을 규명해보았다. 그리

---

9) 진선희, 상계문.

고 그 문제로 지적된 것들이, 결국, 문학교육 연구, 그중에도 특히 학습자를 중심으로 한 문학체험의 기초 조사 연구가 미흡해서 얻어진 결과임을 밝혔다. 그리고 앞으로 바람직한 문학교육과정 내용 선정을 위해서는 학습자의 문학체험 기초 연구가 필요하다는 점을 분명히 하고, 이 분야 연구의 개념과 더불어 타당성 있는 방법을 제시해보았다.

앞으로 바람직한 문학교육 내용 선정을 위해서는 문학텍스트 요인이나, 사회 문화 요인도 중요하지만 그보다 학습자가 주체가 되는 문학 체험의 실태를 살펴내는 연구가 선행해야 한다고 본다. 그리고 이런 연구가 집적되었을 때 비로소, 학습자 중심의 교육과정, 나아가 학습자의 수준별 교육과정이 추구하는 바를 십분 충족시키는 교육과정 내용 선정과 체계화가 이뤄지리라는 점을 제언하면서, 장차 이런 기초 조사 연구가 우리 문학교육을 전공하는 학계에서 더욱 성행하기를 기대하는 바이다.

## 참고문헌

교육부, <국어과교육과정 [별책 5]>, 교육부, 1997.

구인환 외, <문학독서교육, 어떻게 할 것인가>, 푸른사상, 2005.

박인기, '문학교육과정의 구조에 관한 연구', 박사학위 논문, 서울대 대학원, 1993. 9

박인기, <문학교육과정의 구조와 이론>, 서울대학교출판부, 1996.

우한용 외, <문학교육과정론>, 삼지원, 1997.

이성호, <교육과정 개발의 원리>, 학지사, 2004.

진선희, '학습독자의 시적체험 특성에 따른 시 읽기 교육내용 설계연구', 박사학위 논문, 한국교원대 대학원, 2006.

최현섭 외, <국어교육학개론>, 삼지원, 1996.

# 문학교육의 교수 · 학습 방안

## 1. 서론

80년대 후반기부터 국어교육과정이 크게 바뀌고 90년대 들어 교육개혁과 더불어 대학입시제도에 변화를 보이면서, 초 · 중 · 고등학교의 국어교육 양상이 그에 영향을 많이 받아온 것은 우리가 다 아는 바이다. 그와 아울러 문학 교육 분야도 80년대 후반 이후, 학계의 많은 이들로부터 관심을 불러일으켰고, 그에 따라서 장족의 발전을 거둔 것이 사실이다. 그러나 이런 개혁과 변모는 이론 분야와 그에 따른 계획 수준의 교육과정 내용에 한정된 것이지, 실제 국어교육 현장과 문학교육의 실태는 그 발전의 폭과 속도를 따르지 못한 채 여전히 답보 상태에 놓여 온 것이 사실이다. 이런 현상을 두고 흔히 이론과 실제가 잘 맞아 떨어지지 못하는 호례로 들 드는데 실제 그렇게 일컬을 만도 하다.

그런 현상을 일으키는 원인을 한마디로 말한다면, 현장에서는 문학교육을 구성하는 모든 과정과 요인들이 반영될 텐데 이론을 추구하는 자리에서는 이 요인들을 충분히 검토하여 다루지 못한 데서 온 것이라고 할 수 있다. 그 요인 가운데서도 특히 학습자의 요인을 충분히 살피지 못한 데서 주원인을 찾을 수 있다고 본다. 그동안 우리 교육 현장에는 다인수 학급이라는 물리적 여건과, 일제강점시대 이래 교육계에 지속되어온 전체주의와 관료주의적 사고에 따른 획일적 운영으로 인하여 학습자 개개인의 특성을 소중히 다뤄오지 못한 문화 관습이 만연해 있었다. 그리하여 문학 수업은 학습자의 개성을 무시하고 텍스트의 장르적 특성만 강조하면서 교사 중심으로 운영되었다. 그리고 이런 교사 중심의 문학 수업이 당연한 것으로 고정관념화되어왔던 것이 사실이다.

본고에서는 바로 이 점을 문제 삼아, 우선 학습자를 중시하는 교수 학습이 특히 문학교육에 필요한 이유와 또 그렇게 운영하는 데 유의할 점이 무엇인지 살펴보고자 한다. 그리고 좀 더 바람직한 문학 교육을 하는데 있어서, 학습자 요인을 중시한 교수·학습 방안을 고구하는 일환으로 구미의 여러 보기들 가운데 우리 실정에 맞는 것들을 골라 검토 정리해보고자 한다.


## 2. 학습자 중심의 교수 학습을 해야 할 근거와 운영상의 유의점

지금까지 교육학 일반에서 모든 선학들이 연구하고 강조해온 것들의 요체를 한마디로 말한다면, 학습자 개개인을 소중히 여기라는 것이었다. 그리고 이를 위해 개인차를 중시하는 지도를 하라는 것이었다. 한편 언어학계에서는 20세기 초 이래, 언어를 객관적으로 분석해볼 만한 신비스런 상징체계로 보던 구조주의 언어관이 중심을 이루었다. 그러다가, 20세기 후반에 이르러 話用論(Pragmatics)이 발달하면서, 차츰 언어를 의사소통의 수단으로 보고 언어 자체보다 언어 수행 과정상의 주요인인 話者, 聽者, 狀況, 媒體들을 소중히 여기는 것으로 변모하게 되었다. 그리고 그때부터, 점차 그 가운데 독자 요인인 학습자의 위치에 중요성을 두기 시작했다. 나아가 로젠블렛(Rosenblatt) 이후, 많은 읽기 연구가들이 읽기를 텍스트와 독자 사이의 '去來行爲(transaction)'로, 또는 상호작용 과정으로 인식하게 되면서 차츰 독자인 학습자의 권리와 책임을 강조하기 시작했다. 뿐만 아니라 문학이론가들로부터도 受容理論이 나오면서, 독자는 텍스트(Text)를 작품(Work)으로 만들어낸다는 점에서 텍스트를 창작한 작가와 대등한 입장에 놓일 존재로 큰 비중을 인정받기에 이른다.

그밖에, 70년대 이후 認知心理學의 발달로 인하여 독자의 스키마(Schema)가 독해 과정에 차지하는 의미의 중요성이 드러나면서부터, 점차 학습자를 중시할 만한 보다 구체적인 과학적 근거들이 보강되고 있다. 그리하여 독해지도 이론도 점차 텍스트 중심으로부터 독자 중심으로 바뀌기 시작했다. 그리고 우리나라에서도 80년 후반 들어서 문학을 보는 기존의 정태적인 관점이 점차 변모하여, 작가와 독자가 작품을 통해 만나는 作用態요, 현상이란 관점이 설득력을 갖기에 이른다. 따라서 문학교육에서도 학습자 중심의 방법론을 중시하는 방안을 강구해야할 필요성이 생긴 셈이다.

한편 구미에서는 80년대에 이르러, 기존의 교육학자, 심리학자, 읽기 연구가, 언어학자들의 영향 아래, 구미의 영어권 국가의 현장교사들을 중심으로, '총체적 언어'(Whole language)라는 교육 운동이 왕성하게 일어나기 시작했다. 총체적 언어교육론자들은 학습자에 대한 신뢰와 존중에서 비롯된 견해들을 내세우고 있다. 이와 같이 학습자의 기본적인 학습 능력을 믿기 때문에 총체적 언어교육론자들은 학습자가 자신의 목적을 스스로 설정할 수 있다고 본다. 그리하여 교사가 할 일은 학습자들로 하여금 자신의 학습을 통제하고 책임을 질 수 있도록 고무하는 것이어야 한다고 본다. 곧, 모든 학생은 적절한 환경과 분위기를 조성해주면 충분히 언어를 학습할 능력이 있다고 믿기 때문에, 교사는 단지 학습자가 지닌 능력을 더욱 확장하도록 도와주는 보조자 역할만 하면 된다는 것이다. 다시 말하면 교사는 학습의 협력자로서 학생들의 경험에 기초한 학습 환경을 효과적으로 만들어주고 언어 훈련을 도와주는 일을 가장 중요한 일로 보는 것이다.

그런데 문학교육은 인지적 영역과 정의적 영역이 통합적으로 다뤄져야 하며 이들을 知, 情, 意가 통합된 전체로 인격화 내지 內面化시키도록 하는데 문학교육의 궁극적 목표를 두고 있다. 우리가 이와 같은 데에 문학교육의 목표를 두기로 합의한다면, 문학교수·학습상에서 학습자 요인은 더욱 강조되지 않을 수 없다. 왜냐하면 학습자가 중심이 되어 직접 문학 작품을 체험하고 반응하는 활동을 전개함으로써만이 그런 통합적으로 내면화된 목표를 달성할 수 있겠기 때문이다.

또한 교사들은 학생들이 문학 작품에 대하여 반응하는 방식에도 개인차가 크다는 것을 알 수 있다. 이 반응의 개인차는 물론 문학 교재의 특성과 이 교재를 문학 수업에서 다루는 교사의 교수방식상의 차이에서도 나올 수 있다. 하지만 스키마(Schema)이론에 따르면 무엇보다도 학생들 개개인의 사전 경험과 그에 따른 사전 지식(Schema)이 더 큰 원인이 된다고 할 수 있다. 그러므로 학생들마다 각자 다른 사전 경험에 따라 다양한 반응을 보일 수 있도록 자유와 여지를 충분히 허용해야 할 것이다. 윌뱅크(Willbank)가 자기 반 학생들이 모두 같은 책을 읽고도 각자의 환경과 사전 경험에 따라 다양한 반응을 나타내는 것을 보고, '학생은 자기가 좋아하는 것을 읽어야 하고 읽은 것에 대해 자유롭게 반응해야 한다.'라는 신조를 얻게 되었듯이, 모든 교사들도 바로 그러한 교수 자세와 신조를 지닐 만하다.

이처럼 학습자가 문학에 자유롭게 반응할 수 있도록 조장하기 위해서, 특별히 교사가 지녀야할 자세와 유의점 및 교사가 갖춰야 할 기술에 대하여 화이트헤드(R. Whitehead)가 정리해놓은 글을 빌어 간명하게 요약해보기로 한다.

㉮ 교사는 아동문학의 유산을 깊이 이해하고 충분히 음미할 줄 알며, 아동의 교육과 행복에 대해서도 남다른 관심을 가져야한다. 그리고 이를 바탕으로 한 활기차고 알찬 문학교육 프로그램을 마련해야 한다.

㉯ 아동들이 문학수업에 대하여 흥미를 가질 뿐 아니라 각자의 즐거움을 친구들과 서로 나눌 수 있는 비공식이고도 자유로운 분위기와 여건을 충분히 마련해주어야 한다.

㉰ 교사는 아동들 개개인의 관심과 능력을 인식하면서 늘 개별 아동들의 관심사에 바탕을 두고 가르쳐야 한다. 교사자신의 개념을 일방적으로 강요하지 말고 아동들의 관심과 순수한 문학적 취향을 탐지해야 한다.

㉱ 문학의 교수방법은, 아동문학 작품이 나타내려 하는 것을 아동 스스로가 경험하도록 돕는 데 초점을 두어야 한다. 아동의 문학에 대한 관심을 증진시키는데 있어서 긍정적 절차와 부정적 절차를 대비시켜 <표-1>로 예시해 보이면 다음과 같다.

〈표-1〉 아동들의 문학에 대한 관심 증진을 위한 절차

| 긍정적인 절차<br>(아동이 자유롭게 할 수 있도록 허용할 것) | 부정적인 절차<br>(아동에게 요구해서는 안 되는 것) |
|---|---|
| · 아이들이 즐거움을 느끼는 한도 내에서 문체와 구성을 살펴보게 하기<br>· 창조적인 노력으로 책에서 얻은 감동을 표명하고 토의하거나 드라마로 꾸며보게 하기<br>· 자발적으로 작가와 작가의 삶을 그려보게 함으로써 상상력 북돋우기<br>· 아이들이 원한다면, 그들이 좋아하는 시로 보물창고를 지어보게 하기책의 내용과 등장인물이 나타내 보인 태도나 가치, 행동 등에 대해 자발적으로 말하게 하기 | · 기계적으로 문체와 구성 살펴보게 하기<br>· 이야기의 전개에 대하여 형식적인 보고서를 제출하기<br>· 작가의 이름과 전기적 특징을 암기하게 하기<br>· 교사가 가장 좋아하는 시를 암기하게 하기<br>· 그들이 읽은 이야기 속에서 주제와 도덕적인 요소 파악하게 하기 |

㉤ 교사는 아동들의 문학에 관한 지식과 관심을 북돋우고 키워주기 위해서 다양한 기술과 활동자료, 장치 및 매체 등에 대해 폭넓게 알고 있어야 한다.

    ⓐ 물리적 환경을 조성하는 기술

    ⓑ 문학교재의 단원을 계획하고 지도하는 기술

    ⓒ 말이나 글로써 설명하는 기술

    ⓓ 극화(劇化)하는 기술

    ⓔ 매체를 구성하고 다루는 기술

    ⓕ 문학적 게임을 계획 운영하는 기술

    ⓖ 시청각 자료를 활용하는 기술

이상의 내용은 학습자가 문학에 흥미를 갖고 활기차고 다양하게 반응하는 문학 수업을 운영하기 위해서 교사가 지녀야할 일반적인 자세와 유의점 및 기술에 대하여 폭 넓게 기술하고 있다.

이와 아울러 필자는 이미 언급한 총체적 언어 교육 운동이 현장 교사들을 중심으로 많은 호응을 받으면서, 실제 교실 현장에서 학습자 중심의 국어교육 운영을 지향하는 방안과 활동 프로그램들을 풍성하게 개발하고 있는 점에 주목하게 된다. 그리고 이 총체적 언어교육이야말로 문학 교육에서도 학습자 중심의 교수·학습 운영을 더욱 구체화시킬 수 있는 방안과 활동 프로그램을 개발하는 데에 많은 시사점을 줄 수 있다고 본다. 그리하여 다음 장에서는 총체적 언어교육 입장에서 학습자 중심의 교수 방법에 초점을 맞춰 논의한 모펫(J. Moffett)과 와그너(B.J. Wagner)의 문헌 가운데 문학교수 방법에 관해 기술한 대목을 참고하면서, 다섯가지 항목으로 나누어 상술하고자 한다. 이 가운데서 특히 학습자 중심 학습을 지향하는 문학교육의 교수·학습 방안에 대하여 좀 더 구체화시킨 방안들을 살펴보되, 단지 소개하는 데서 그치지 않고 되도록 우리나라 교육

현장에 적용이 가능하거나 좋은 시사점을 줄 만한 것들을 중심으로 논의 해보기로 한다.


## 3. 문학 영역에서의 교수·학습 방안

문학 수업에서 학습자는 문학작품을 단순히 분석, 이해하는 대상에 그치도록 한정시키지 않는다. 도리어 작품을 만든 작가와 함께 인지적 측면으로 뿐 아니라 정의적 측면으로도, 그 작품의 세계를 공유해야 바람 직한 것으로 본다. 따라서 문학 교육이 할 일은 바로 독자가 이렇게 작가와 더불어 작품 세계를 공유하도록 만들기 위하여 지원해주어야 할 것이다. 그리고 이를 효과적으로 이루기 위한 교수·학습 전략은 무엇보다 학생들 이 지닌 성향 가운데 同一視 감정을 최대한 발휘시켜서 문학작품의 세계 에 빠져들도록 유도함으로써 직접 문학 세계를 체험하도록 하는 것이라고 본다.

그렇게 문학의 세계를 직접 접촉하여 체험하게 하는 데는 여러 가지 유용한 활동들을 소개할 수 있다. 예컨대, 작품을 무언극이나 드라마 활동 으로 꾸며보기, 주인공에게 편지하기, 작품 가운데 가장 인상적인 대목을 그림으로 그려보기 등이 그것이다. 여기서 필자는 우리 교육계에 도움이 될 만한 것들을 골라서 다음 다섯 가지 사항으로 나눠 상술하고자 한다. 그리고 좀 더 구체성을 확보하기 위해 되도록 초등학교 어린이를 대상으로 하여 살펴보고, 대상 장르도 주로 서사문학 장르에 한정하고자 한다.


### 3.1. 조를 구성하여 문학 작품 낭독하기

조를 구성한 뒤, 조원들끼리 돌아가며 문학작품을 선택하여 서로 조원들에게 읽어 주는 것이다. 나머지 조원들은 친구가 문학 작품을 낭독할 때, 그 작품에서 중요한 부분이라고 생각되는 것이나 공유하는 부분들을 메모해가면서 듣는다.

이런 문학 작품 낭독하기는 우선 교사가 학습자에게 동기 유발 및 시범 차원에서 먼저 口演이나 낭독을 해보일 필요가 있다. 교사가 좋은 모델이 되어 아동들로 하여금 이야기 상황과 분위기에 따라 억양에 변화를 주고 감정과 의미를 깊이는 일을 지켜보며 배우게 하기 위해서다. 때로 교사의 구연 대신 녹음 자료를 준비하여 들려줄 수도 있다. 교사 혼자 하는 것이 친밀감이 더 있긴 하지만, 녹음자료도 교사의 낭독보다 좀 더 구연 방법이나 목소리면에서 다양한 것을 들려주기 때문에 좋은 점을 보인다.

그다음 할 일은 학습자의 발달도와 취향을 충분히 감안하여 그에 적절한 문학 작품들을 충분히 선정해내는 일이다. 이 책 선정 작업에서도 학습자가 서서히 참여할 기회를 주어서 학습자 스스로 책을 고르는 힘을 기를 수 있도록 해야 한다. 그리고 낭독에 들어가기 전에 작품 제목과 저자를 알려주고 제목에 대한 연상을 떠올리게 한다든가, 학습자 경험과 관련된 것들을 나누는 시간을 가짐으로써 학습자의 스키마를 작동시킴으로 좀 더 효과적인 독서를 할 수 있는 계기를 마련해 줄 필요가 있다.

이런 준비단계가 끝나면 소리 내어 읽어보게 하는데 우선 각자 읽되, 한 사람씩 돌아가며 교사 앞에서 단 몇 줄이라도 읽어보게 하는 것이 바람직하다. 이를 통해 교사는 아동의 읽기의 특성과 결함에 관한 정보를 알 수 있고 그 원인을 분석함으로 이것을 바탕으로 개별지도해 줄 수 있기 때문이다 그런 다음 4-6명이 한 조가 되어서 구성원끼리 돌아가며 낭독하게 한다. 이때의 조는 능력 있는 아동들이 골고루 배치되도록 하며 조 구성원 간에 사회적인 상호작용 효과가 충분히 일어나도록 배려해야 한다. 예컨대, 각자의 낭독 방법이나 이해 또는 감상 내용을 서로 비교하여 좀 더 적절한 것이 무엇인지 토론해보게 하는 활동들이 그것이다.

　조별 낭독에서 잘 읽은 사람들은 다시 한 조에 한사람씩 조별로 뽑아서 전체 앞에서 낭독하는 기회를 줄 수도 있다. 처음부터 전체 앞에서 낭독하게 하면 때로 소심한 아동은 힘들어 하는데, 이렇게 먼저 조별로 읽게 하여 자신감을 기른 뒤에 전체 앞에 읽게 하면 무리 없이 읽을 수 있게 된다. 이 낭독하기 활동은 다음에 이어지는 다른 사항들을 추후 활동으로 삼음으로써 다음의 항목들로 이어질 수도 있다.

## 3.2. 문학작품을 무언극이나 교실극으로 꾸며 보기

　이 활동은 인간의 모방 본능을 바탕으로 동기 유발시켜서 흥미롭게 학습자 중심 활동 수업을 전개할 만한 좋은 자료이다. 그리고 문학교육 분야에서도 연기자가 구체적 상황에서 직접 연기해 보인다는 연극 활동 고유의 특징을 활용하여, 학습자로 하여금 좀 더 쉽게 문학 세계에 몰입하고 생생하게 감상하도록 하는 데 적절한 활동 자료이다. 무언극은 본래 서사문학 작품의 구성이나 작중 인물과 상황 등을 대화 없이 동작만으로 표현하는 것을 말하는데 때로 간단한 시의 내용을 소개하고 감상하는 활동으로도 쓰일 수 있다. 처음에는 조를 구성하여 그룹으로 하다가 그 다음 짝끼리 해보면서 어느 정도 무언극에 익숙하게 되고 자신감을 얻으면 혼자서도 할 수 있도록 한다. 이 무언극에 따라서 다음과 같은 놀이들을 병행시켜서 해도 효과적이다. 예컨대, 제목 알아맞추기, 무언극 상자놀이, 이야기팀 무언극 시합 등이 그것이다.

　무언극 이외에 꼭두각시 인형극 놀이와 그림자 연극 놀이를 할 수도 있다. 그리고 학교의 일상 속에서 자연스럽게 이끌어낼 수 있는 교실극 형태의 간단한 드라마를 연출하는 것도 좋은 활동 거리다. 교실극을 꾸밀 때 유의할 것은, 처음에는 학습자들이 즉흥적으로 할 수 있도록 자유와 수용적인 분위기를 조성해주는 일이다. 그리고 비교적 내용이 간단하여 장황한 분석이 필요 없고 행동 중심적이며 대화가 많은 문학작품으로부터 이를 적용하는 것이 적절하다. 아울러 되도록 많은 학생들이 배역을 맡거나 무대장치, 소품 등의 역을 고루 맡아서 직 간접으로 참여하게 하는 것이 바람직하다. 어느 한 소집단이 대표하여 교실극을 상연할 수 있지만, 시간과 여건이 허락한다면 같은 연극을 모든 소집단이 차례로 상연하여 상호 비교 평가를 하게 할 수도 있다. 이 활동에서 교사는 처음부터 끝까지 뒤에서 물러나 보조적 역할만 할 뿐이다. 다만, 연극이 끝나면 학습자들을 유도하여 이번 활동에 대한 상호 반성 평가하는 시간과 더불어 연극으로 꾸민 작품에 대해 함께 토론하는 시간을 갖도록 안내하는 것이 교사가 끝으로 지원해야할 바람직한 지도 내용이다. 이때 유의할 점은 아동의 토론활동에 교사가 지나치게 간섭하여 교사 위주의 감상 결과만을 주입시키려 하거나, 획일화된 형태에 머물게 하지 않도록 하는 것이다.

## 3.3. 쓰기 활동을 통한 문학 감상

여기서 쓰기 활동이란 문학작품을 읽고 그에 관한 생각과 느낌을 쓰거나 그 작품의 일부를 읽고 그 다음에 이어질 부분을 써 보고, 때로는 그 이야기의 결말을 다르게 맺어보는 활동들을 두고 하는 말이다. 이 활동은 문학에 대한 흥미와 더불어 글을 구성하는 모든 요인에 대한 지식과 통찰력을 길러준다. 그리고 학습자로 하여금 창조적인 활동을 통한 만족감과 더불어, 작가의 입장을 이해하는 면과 함께 문학에 대한 취미와 상상력을 키워주는 좋은 활동자료가 된다. 이 활동은 개인적으로도 할 수 있지만 초기에는 몇몇 학생이 조를 짜서 공동 작업으로 함께 쓰게 할 수도 있다.

여기서 유의할 점은 다음과 같다. 먼저 학습자에게 일방적으로 제시하여 강박관념을 주어서는 안 된다. 무엇보다 이 쓰기 활동의 의미와 가치를 깨닫도록 하고 그것을 쓰고 싶어 하는 마음이 들도록 동기부여시키는 것이 중요하다. 쓸 때에도 기껏 작품 내용의 재진술에 그치게 하거나, 획일적인 수준과 양을 무리하게 요구하지 않도록 한다. 양보다는 질을 중시하여 학습자의 개성과 창조성을 충분히 존중할 필요가 있다. 따라서 일정한 형식의 보고서를 강요하지 말고 다양한 형식과 내용을 허용해야 한다. 그리하여 부담을 갖고 쓰기보다 이 활동에 가치와 흥미를 갖고 쓸 수 있도록 배려해야 한다. 또 학습자들에게 조용한 분위기와 충분한 시간을 마련하여 주며 처음부터 문법과 맞춤법 등에 구애받지 말고 자유롭게 쓸 수 있도록 권장할 필요가 있다. 그리고 학습자가 쓴 작품에 대해서도 교사가 일방적으로 평가하지 말고 학습자끼리 상호 대조하여 평가하도록 하는 기회를 마련해야 바람직하다. 이를 통해 각자의 느낀점과 생각을 다른 사람과 공유하는 기회를 누릴 만큼 개방적이고도 수용적인 분위기를 허용하도록 하는 것이 필요하다.

학습자가 보고서로 제출하는 글의 형식은 다양한 것이 되도록 한다. 단순한 수필 형태에서부터 출판사, 저자, 주인공에게 보내는 편지 형식도 있고, 신문에 내는 책 광고나 서간 비평문, 저자와 편집자에 대하여 조사하여 쓴 기사문 형식도 좋은 방법이다.

창의적인 쓰기 활동을 조장하는 방안들로는 여러 가지가 있다. 이야기의 주요 사건이나 작중인물을 탐구하는 보고서 쓰기, 작중인물의 문제 행동을 옹호하거나 반대하는 법적 소송문 쓰기, 그 작품의 끝맺음을 원작과는 다르게 맺어보기, 전래동화를 현대화하여 다시 써보기, 해당 작품에 다른 에피소드나 짧은 장(章)을 하나 덧붙여 써보기, 작품의 주인공이나 배경을 원작과는 다르게 바꾸어서 새로운 작품을 써보기, 문학 장르를 바꾸어 각색하여 다시 써보기, 탐험 소설을 읽은 뒤에 배경이 다른 공상과학소설을 참고하여 다른 지역의 탐험 소설을 공동으로 꾸며 써보기 등이 그것이다. 이런 활동들은 개인으로뿐 아니라 공동 작업으로도 하게 할 수 있다.

독자와 더불어 작가의 경험도 동시에 갖게 하는 이 쓰기 활동은, 해당 작품을 다각도로 깊이 있게 감상하게 하는 데도 기여할 뿐 아니라 상상력을 발휘하여 자연스럽게 글을 쓰는 기능도 계발해주는 활동이다.

### 3.4. 문학작품에 대하여 소집단 토론하기

그동안 문학작품을 읽고 난 뒤에 추후 작업으로 하는 일이 흔히 일률적으로 독후감을 쓰게 하는 일이었다. 그러나 이보다는 먼저 소집단을 구성하고 서로 모여 앉아서 학습자가 읽은 문학 작품에 대하여 토론을 하게 하는 활동이 좀 더 문학 작품 감상에 효과적일 수 있다. 이것은 문학에 대한 관심과 지식을 서로 나눔으로써 이를 더욱 보강하는 효과가 있을 뿐 아니라, 학습자 간에 사고를 계발하는 데도 기여한다. 그리고 학습자 상호 간의 다양한 느낌을 주고 받음으로써 편협되지 않은 폭넓은 감상력을 함께 고양시키는 효과도 거둘 수 있다.

이 토론에는 단순한 감상토론 외에 비판적 논쟁과 비평도 포함된다. 토론의 내용, 목적에 따라 학급 전체를 대상으로 한 토론이나 소집단별 토론으로 나눌 수 있다. 그리고 토론 형식도 배심토의(Panel), 원탁회의, 모의 인터뷰 등 여러 가지로 나눌 수 있는데 각각의 특징을 살려 다양하게 운영할 수 있다.

처음에는 교사가 유도하는 학급 전체를 대상으로 한 토론으로 시작하는 것이 적절하다. 이때 유의할 것은 교사가 사전에 해당 작품을 읽고 이 작품을 어떻게 해석, 감상할지 충분히 생각해두되, 자신의 해석, 감상한 것을 학생들에게 주입하려 들지 말고 최대한 학생들의 반응을 존중해주는 일이다. 그리고 토론 과정에서 교사가 토론을 유도함으로써 생길 수 있는 획일화를 막기 위해서도, 교사의 질문은 학생들 각자가 그 작품을 읽으면서 생각한 것과 느낀점을 말하도록 유도할 뿐 아니라 그 작품을 학생들의 일상생활과 관련짓도록 유도하는 것이어야 할 것이다. 그리고 그 작품을 읽고 배운 것을 활용, 탐색할 수 있도록 조장할 수 있는 것이 된다면 더욱 바람직하다. 그리고 학습자 중심의 교수 학습이 되기 위해서는, 이런 교사의 유도와 조장을 위한 교사의 발언 시기도, 되도록 수업시간 앞부분이나 단원의 서두에 한정시켜야 바람직하다고 본다.

다음에 소집단 토론을 그 유형별로 간단히 설명해보기로 한다.

① 모의 인터뷰: 한 작품을 다 같이 읽은 뒤에, 학급 어린이들 중에 한 아동을 책의 저자나 등장인물로 가장시킨다. 그리고 몇 어린이는 '학급신문 기자'로 뽑는다. 그리고나서 신문 기자가 그 주인공(또는 저자)에게 인터뷰하듯이, 학급 아동이 궁금해 하는 질문들을 모두 대변해서 묻고 대답하게 한다.

② 원탁회의: 한 작품을 읽은 뒤에 반 어린이를 6-12명씩 한 조를 만들어서 빙 둘러앉게 한다. 그리고 사회자를 한 사람 정해서 그 책 가운데 하나를 주제로 삼고 토론을 하게 한다. 이때 사회자는 토론 질서를 지키도록 견제하는 일과, 또 어린이들로 하여금 다정하고도 자유로운 분위기를 만들어 모든 구성원들이 토론에 잘 참여할 수 있도록 고무해주는 일을 한다.

③ 배심 토의: 작품을 읽은 아동들을 몇 사람 교탁 위에 불러 세운 뒤, 그들이 그 책을 읽고 각자 새로 알게 된 것과 거기서 받은 느낀점을 함께 둘러앉아서 서로 이야기를 나누게 한다. 토론 주제는 그 책의 삽화나 구성, 등장인물 및 작가가 제시한 주제에 이르기까지

다양할 수 있다. 사회자는 먼저 교단에 나온 토론자를 소개하고, 저들이 각기 의견을 발표할 때 주제에 벗어나지 않도록 한다. 그리고 모두 끝나고 나면 청중들에게도 질문이나 견해를 표명하도록 한다.

④ 논쟁: 이 방법은 읽은 책의 주제나 내용 가운데서 상반되는 주장을 선정하고, 아동의 각 조를 다시 두 그룹으로 나누어서 그 상반된 주장 중 어느 하나를 맡겨서 서로 논쟁하게 하는 것이다. 이 논쟁을 학급 전체 앞에서 하고, 맨 나중에 투표 방식을 통해 어느 팀이 설득력을 더 가졌는지 겨루기로 발전시켜도 좋다.

## 3.5. 각종 게임이나 퀴즈를 고안하여 활용하기

게임이나 퀴즈는 모든 학습자가 부담 없이 즐기는 것이므로 이를 통하여 문학 작품과 장르상의 특징을 익히는 일은 재미와 더불어 교육적 활용 가치가 충분한 활동이다. 특히 문학을 즐겁게 향유함으로써 좀 더 폭넓은 독서를 유도하게 하는 데도 효과적이다. 이것은 초등학교 아동에게 더욱 효용성이 있지만, 게임과 퀴즈 구성의 난이도를 적절히 조정한다면 모든 학년에도 충분히 이용할 가치가 있다고 본다. 이런 게임과 퀴즈 문제는 교사가 고안하고 주관해서 실시할 수도 있지만 점차 학습자들이 고안하고 주관하여 조별로 실시하는 방향으로 나아가는 것도 바람직하다.

게임의 형식은 수수께끼, 스무고개, 술래잡기 형식에서부터 조별로 둘러앉아서 하는 빙고 게임, 말판돌기 게임, 축구 게임, 야구 게임 등 다양하게 만들 수 있다.

고안된 내용으로는 작품의 제목 알아맞추기 퀴즈, 등장인물 퀴즈, 서사 문학의 성격과 주요 사건을 파악하기 위한 대화문의 주인공 맞추기와 사건의 인과관계 맞추기 게임 그리고 어떤 작품의 주인공을 묘사하는 문장을 써서 다른 친구들과 교환하고 그에 맞는 주인공을 맞춰보기 게임들을 들 수 있다.

　그 가운데 작중인물의 대화문을 읽고 그렇게 말한 이유를 찾아 성격을 파악하기 위한 목적으로 고안한, '왜 그렇게 말했나요'를 다음에 예시해보기로 한다.

---

- 자료: 매직펜, A3 크기의 종이, 유리 반창고, 점수판
- 절차: 1. 학습자를 소집단으로 구성한다.
　　2. 각 소집단마다 매직판과 A3정도 되는 종이를 여러 장 준비하게 한다.
　　3. 소집단마다 구성원끼리 의논하여 주요 대화문을 고르고, 이를 종이에 매직펜으로 쓴다.
　　4. 대화문을 쓴 종이를 칠판에 붙이고, 그 인물이 그렇게 말한 까닭을 묻는다.
　　　질문例: 순이는 왜, '오빠 이제는 더 기다릴 수 없어! 제발 빨리 돌아와 줘'라고 말했을까? 〈6-2 읽기 '보리바람'〉
　　5. 대화문을 본 다른 소집단은 토의하여 종이에 답을 쓴 후, 일제히 맞춰본다.
　　6. 답을 맞춘 소집단에게 점수를 준다.

- 변형: 1. 이 활동은 소집단 단위로 질문을 구성하고, 답을 찾는 방식이지만, 이번에는 개인이 묻고 소집단 단위로 대답하거나, 또는 소집단이 묻고 개인이 대답하는 방식으로 바꿀 수도 있다.
　　2. 교사가 미리 질문을 계획하여 종이에 써놓은 다음에 그것을 칠판에 붙여 제시한 후 답을 찾아보게 할 수도 있다.

- 지도상의 유의점: 학습자 끼리 질의응답으로 하다가, 때로 주요 학습내용을 빠드릴 경우에는 교사가 보충하여 질문을 만들어냄으로써 결손이 생기지 않도록 유의한다.

# 4. 결론

지금까지 필자는 문학교육에서 학습자 중심의 교수 학습 방안을 적용할 이유를 들어 보고, 학습자 중심의 교수·학습이 되게 하는 구체적인 방안들을 다섯 가지로 나누어 기술해보았다. 그러나 이 방안들은 우리나라 실제 현장에서 활용할 만한 가치가 있는지 여부를 아직 검증 받지 못한 것들이다. 이런 검증과 더불어 이런 방안이 주는 시사점을 바탕으로 우리나라 실정에 더욱 적절한 교수 학습 방안이 되도록 보완하고 개발하는 일에는 더더욱 미치지 못했다. 이런 교수 학습 개발을 위한 연구를 제대로 하자면, 현장의 교육 전문가인 교사와 대학의 교과교육 이론가인 교수들이 더욱 긴밀한 유대를 가지고 지속적으로 함께 연구해나가야 할 것이다.

본고는 단지 우리나라 교육 실정에서 비교적 적절하게 보이는 문학교육의 여러 방안을 제시하여 좀 더 바람직한 문학교육이 실현되도록 하기 위한 시도적인 차원에 그쳤다. 따라서 본격적인 실천적 연구와 검증을 덧붙이지 못하고, 단지 문학교육 방안을 탐구하는 일에 운을 뗀 데에 불과하여 미흡한 것이 많다. 필자는 다만 문학교육에서도 새로운 교수·학습을 지향해야 할 바를 모색하고 시도한 것으로 만족할 수밖에 없다. 그리고 이를 보완할 좀 더 발전된 연구는 앞에 진술한 바, 교육 이론가와 현장 전문가와의 보다 긴밀한 유대 속에서만이 가능한 앞으로의 후속 연구로 미뤄둘 수밖에 없겠다.

## 참고문헌

구인환 외, 《문학교육론》, 삼지원, 1989.
신헌재 외 편저, 《독서교육의 이론과 방법》, 서광학술자료사, 1993.
신헌재 외 편저, 《학습자 중심의 국어교육》, 서광학술자료사, 1994.

신헌재 외 편저, 《국어과 교수·학습 방법》, 박이정, 1996.

우한용 외, 《소설교육론》, 평민사, 1993.

최현섭 외, 《국어교육학개론》, 삼지원, 1996.

로버트 화이트헤드, 신헌재 역, 《아동문학교육론》, 범우사, 1992.

Curt Dudley Marling and Don Dippo. "The Language of Whole Language" <Language Art> Vol.68, No.7. 1991.

James Moffett, Betty Jane Wagner, <Student-centered Language Arts, K-12> 4th ed; Portmouth, NH: Boynton/Cook Publishers, Inc. 1992

# 초등학교 시조교육의 현황과 지향점

## 1. 서론

다 아는 바와 같이, 시조는 우리나라 전통 시가 가운데, 지금까지 지속적으로 감상·창작되며 문학적 생명을 이어온 거의 유일한 대표적 민족문학 장르이다. 그동안 우리 문학사에 명멸해온 숱한 장르 가운데, 시조 장르만이 이렇게 유독 오랫동안 문학적 생명을 유지하여온 데는 그만한 이유가 있기 때문이라고 본다.

우선 이 시조는 700여 년 이어오는 동안, 그 4·4조와 3音步 율격을 형성하면서, 그 3章 6句의 독특한 운율 속에 우리 민족의 성정에 걸맞은 흥취와 멋을 충분히 머금어왔다. 그리고 그 흥취와 멋에 끌려서 시조를 아끼고 창작하며 향수해온 수많은 시인들이 최근에 이르기까지 끊임없이 이어져 왔던 것이다. 조선시대에 이른바, '국민 개창(國民 皆唱)'의 노래라고 평자들이 지칭할 정도로 각계각층에서 나온 숱한 시조작가들은 물론, 최근세의 최남선, 이병기, 이은상을 비롯한 현대 시조 작단의 명멸하는 시조작자와 문학가들이 바로 그런 분들이다. 바로 이런 분들이 끼친 공덕으로 인하여 시조는 현대에도 계속 그 명맥을 유지할 뿐 아니라, 우리 민족 문학을 대변하는 장르로서 상징적인 가치를 확보하여 온 셈이다.

이러한 시조 문학이 그 속에 담긴 우리 민족의 얼과 정서를 후대에도 이어주고 더욱 풍성하게 수확을 거두어 가면서, 현대는 물론 앞으로도 온 국민에게 그 고유의 가치를 유감없이 드러냄으로써, 국민 개창의 전통을 계속 이어갈 수 있게 하는 가장 확실한 길은 무엇일까? 그것은 바로 초등학교 국어교육에서부터 시조를 주요 학습 분야로 삼음을 바탕으로 하여, 활기차게 감상하고 창작하게 하는데 있다고 본다.

그러면 과연 오늘날 우리나라 초등교육에서의 시조교육은 이에 부응할 만큼 제대로 이루어지는가? 이를 살펴보기 위해 초등학교의 국어교육에서 시조교육이 차지하는 實態와 位相은 어느 정도인지 돌아볼 필요가 있다.

지난번 필자는 본고와 유사한 제목의 논고에서[1] 그동안의 국어과 교육 과정과 교과서의 시조 관련 지도 내용 및 시조 수록 양상을 살펴보았다. 그리고 거기에서 시조 교육면에서의 반성거리를 찾아보았다. 그리고 앞으로도 시조가 우리나라 민족 시가의 대표적인 장르로서 그 성가를 계속 이어가며 성장할 수 있도록 하기 위해, 초등학교 국어과의 문학 영역 가운데 그 여건과 수준에 알맞은 범주 안에서 시조 교육이 지향할 점을 모색하다가 시도로 그친 흠이 있다.

이번은 앞서의 논고에서 빠뜨렸던 7차 교육과정에 제시된 시조교육 관련 사항을 보충하고, 이어서 시조교육의 지향할 바를 좀 더 진척시켜보고자 한다.


## 2. 초등학교 시조교육의 발자취와 실태

우리나라 초등학교 단계에서도 시조교육은, 1930년대 이후부터 지금까

---

[1] 필자, '初等學校에서의 時調敎育의 位相과 指向點', <韓國時調作家論>, 國學資料院, 1999. 1

지 꾸준히 교육의 대상으로 인정받아 영위되어 온 분야이다. 비록 초등학교의 교육과정 상에는 전문 용어를 배제한다는 기존의 관행으로 인해 '時調'라는 장르 명칭을 따로 제시하지는 않았지만 서정시 장르의 하나로 고학년에서 다루어 왔던 것이다. 그리하여 초등학교 국어과 고학년 교과서에는 반드시 시조가 몇 편씩 수록되어 왔다.

시조교육이 개화기로부터 90년대 초의 5차 교육과정기에 이르기까지 우리나라 국어교과서와 교사용지도서에서 실제 어떻게 다루어져 왔는지를 통시적 관점에서 면밀히 살펴본 연구 결과를 대표할 만한 업적으로는 김선배의 논구[2]를 들 만하다.

필자는 우선 그의 업적을 토대로 5차 교육과정까지의 시조교육의 실태를 정리해보고자 한다. 그리고 이어서 6차 교육과정기의 교육과정과 교과서는 나름대로 따로 살펴서 시조교육의 실태를 가늠하고자 한다. 나아가 7차 교육과정에 제시된 시조교육관련 사항을 살펴보고자 한다.

## 2.1. 5차 교육과정기까지의 시조교육의 실태

김선배는 그의 논구에서 시조문학의 대체적인 교육적 함의를 논의한 뒤에, 이어서 우리나라 시조교육의 전개 양상을 태동기, 출발기, 성장기, 도약기 및 발전·전환기로 나누고, 초등학교부터 고등학교에 이르기까지 그 실태의 전모를 고찰하고 있다. 그 가운데서 초등학교에서의 교육과정과 교과서의 특징들을 검토한 결과만을 한정하여 주요사항을 추려보면 다음과 같다.

시조 작품이 1930년대에 처음으로 교과서에 수록된 이후, 광복 직후의 교수 요목기까지는 고학년에 시조를 몇 편 수록하되, 단지 독해 학습과 한자 교육의 보조 수단으로서 방계적으로 다루는 정도를 크게 벗지 못한

---

2) 김선배, <시조문학교육의 통시적 연구>, 도서출판 박이정, 1998

상황이었다고 할 수 있다. 그러다가 우리 손으로 교육과정을 만들기 시작한 1, 2차 교육과정기부터 시조 교육은 본격적으로 시작되었다. 이때는 주로 고시조를 대상으로 시조 형식에 대한 지식과 감상·낭독법을 익히면서 작품 속에 표현된 민족정서를 확인하고 감상하는 태도를 기르는 것을 중시하는 방향으로 나아가기 시작했던 것이다. 그러다가 3차 교육과정기부터는 초등학교에도 현대 시조까지 포함시켜서 좀 더 많은 작품을 교과서에 수록했으며, 지도 내용 가운데도 시조 창작과 옮겨 쓰기 학습을 첨가시켜 놓았음을 볼 수 있다. 그리고 4차 교육과정기부터는 비록 시조 작품의 수록 량은 반으로 줄었지만, 수준 및 계열성을 고려하여 정선된 제재를 수록하는 노력을 보였다. 또한 시조의 개념·형식·운율에 대한 기초 지식 습득과 함께 고시조와 현대시의 비교 학습을 통해, 장르에 대한 변별력을 기를 뿐 아니라 시조 낭독과 암기 활동을 강조한 특징도 드러냈다. 이어서 5차 교육과정기로 들어가면서 지도 내용은 4차와 대동소이하나, 시조 작품수를 거의 배로 늘리고 학습자 스스로 할 수 있는 학습활동을 더 확충해놓는 등의 특징을 보였다.

이상에서 미뤄볼 때, 초등 국어과에서 1차 교육과정기부터 본격적으로 시작한 시조교육은 교육과정이 바뀌어가면서 점차 그 질과 내용 면에서 교육의 체제를 정비하여 왔음을 알 수 있다.

## 2.2. 6차 교육과정기 이후의 시조교육의 실태

5차 교육과정기까지의 시조교육 양상을 살핀 김선배의 연구가 나온 이후로, 그 뒤를 이은 시기의 연구는 아직 나오지 않고 있다. 그래서 필자는 그 다음 6차 교육과정 아래에서의 시조교육의 특징이 어떠한지 알아보기 위해, 국어과 교육과정의 현황과 교과서 수록 실태를 검토해보기로 한다. 물론 여기서도 이 글의 논제에서 밝힌 제한에 따라, 초등학교

시조 교육 실태에 한정하여 살펴보기로 한다.

우선 교육부에서 고시한 <초등학교 교육과정>의 국어과 내용 가운데, 시조교육과 관련된 부분을 살펴보려면, 국어과 문학영역 중, '시분야에 대한 이해와 감상' 분야에서 찾아볼 수 있다. 그리고 국어과의 교과서에서는 5차 교육과정기에 이어 6차 교육과정기에서도 문학영역 관련 제재들을 주로 '읽기'교과서에 수록하여 다루고 있기 때문에, 여기서도 '읽기'교과서를 중심으로 살펴보기로 한다.

## (1) 6차 국어과 교육과정 중, 시 분야의 이해와 감상

초등학교에서 시 분야에 속하는 장르는 전통적으로 동요, 동시가 대종을 이루고 있다. 그리고 그밖에 한두 편의 전래동요를 다룰 뿐 아니라, 그와 함께 고시조와 더불어 현대 시조도 주요 대상으로 삼고 있다. 교육과정에 제시된 시분야의 지도내용은 시어의 특성과 시의 운율 체득, 행·연의 구분을 중심으로 한 시의 형식상의 특징과 시의 소재와 주제 파악 및 시의 이미지 구현을 위한 감각적 표현기법의 이해 등으로 구성되어 있음을 알 수 있다.

우선 시어의 특성 및 시의 운율 체득과 관련된 지도내용을 소개하면 다음과 같다.[3]

> 가) 동시를 읽거나 듣고 말의 재미를 느낀다.(1-문-3)
> 나) 동시에서 규칙적으로 반복되는 언어적 요소를 찾아보고, 동시를 즐겨 암송한다.(2-문-3)
> 다) 시에서 반복적으로 나타나는 언어적 요소를 찾아보고, 시의 운율을 살려 낭송한다.(3-문-4)(4-문-4)

---

3) 다음 괄호 속의 '(1-문-3)' 이란 기호는 국어 교육과정 중, '1학년의 문학영역 지도내용 가운데 3번 문항'을 가리키는 뜻이다. 다른 기호들도 다 그와 마찬가지이다.
Cf) 교육부, <초등학교 교육과정>, 대한교과서주식회사, 1992.

초등학교 어린이에게 처음 시의 재미를 맛보게 하는 첩경은 다름 아니다. 그것은 우선 줄글과 다른 시어의 함축적이면서도 생동감 있는 표현의 묘미를 맛보게 하고 낭송을 통해 일정한 운율감을 체득하게 하는 데 있다.

가)항에서는 동시에 쓰인 말의 재미를 느끼게 하는 지도 내용을 들고 있는데 저학년에서의 시어의 재미를 느끼게 할만한 주 대상은 첩어로 된 의성·의태어들이다. 이것은 음상의 효과를 십분 활용하여 소리와 동작을 흉내 낸 생동감 있는 표현이란 점에서 아동에게 각별한 흥미를 주며 음운의 반복에서 오는 일정한 운율을 지니고 있어서 시의 음악성을 체득하는 데도 기여할 수 있다.

나), 다)항은 시에서 반복되는 언어적 요소를 찾아서 낭송해봄으로써 시의 운율을 체득하게 하는데 초점을 둔 지도내용이다. '반복되는 언어적 요소'란 일정한 장소에 일정한 음운이 반복되는 음위율적인 요소에서부터 일정한 음절수가 규칙적으로 반복되는 음수율적 요소 및 어구·어절의 반복에서 오는 내재율적인 요소에 이르기까지 다양한 것을 지칭한 말이다. 어린이들은 이러한 다양한 반복적 요소를 찾아 그 속에 담긴 운율감을 낭송을 통해 구현해내도록 하는 것이다. 이 낭송 과정에서 어린이들은 그밖에 운율을 창조하는 활동을 부여받을 수 있다. 그것은 다름 아니라 낭송과정에서 시의 각 행과 연에 일정한 휴지를 반복적으로 둠으로 해서 2음보, 3음보 또는 4음보격의 운율을 조성하게 하는 것이다.

저학년과 중학년 수준에서의 시 감상은 이처럼 시의 음악성을 체득하는데 초점을 두고 있다. 따라서 이 시기에 어린이들에게 제공되어야 할 시 작품도 첩어와 의성·의태어를 효과적으로 활용한 동요나, 시어의 반복과 일정한 음보격을 통해 쉽게 운율을 구현해 낼 수 있는 음악성이 풍부한 동시작품이 바람직하다고 하겠다.

이상과 같이 시의 운율 체득과 관련된 지도내용은, 바로 우리나라 전통적 정형시의 대표가 되는 시조의 4·4조 음수율과 4음보격을 통해서 구현하는 것이 제격이라고 본다. 시의 운율체득에 있어서, 우리말의 특성과 우리 민족 정서의 밑바닥으로부터 우러나온 시조의 율격이야말로 매우 효과적으로 적용될 수 있다고 본다. 아울러 이런 운율지도를 교육과정 상에 2, 3학년부터 하도록 되어있다면 시조감상도 율격지도면에서 2, 3학년으로 끌어내릴 여지가 충분하다고 본다.

이번에는 시의 형식상의 특징과 소재-주제 파악과 관련된 지도내용을 소개해 보기로 한다.

> 가) 시에서 행과 연을 구분하여 보고, 시의 소재와 주제를 파악한
> 다.(3-문-3)
> 나) 시의 소재와 주제를 알아보고, 그 시의 분위기를 살려 낭송한
> 다.(4-문-3), (5-문-4)

시의 형식상의 특징으로 초등학교 어린이들에게 제일 먼저 부각되는 것은 가)항에 언급되고 있는 바와 같은 행과 연의 구분이다. 행과 연의 구분은 詩想의 전개와 관련되며 행과 연에 주로 쓰인 소재들 가운데서 그 전개 양상이 구체화되고 있다. 따라서 행과 연의 구분과 함께 각각에 쓰이는 중심 소재들을 살펴보면 시상의 전개 양상과 더불어 시의 전체적 구조를 조감해낼 수 있다. 그리고 이를 바탕으로 시의 주제를 추출해낼 수도 있다. 주제를 추출한 다음에는 나)항에서도 언급했듯이 낭송을 통해 그 주제가 자아내는 분위기와 정조를 구현해내는 활동의 장을 펼 수 있다.

이런 일련의 감상 활동이 의미 있게 이루어지려면 감상 대상 작품이 보다 짜임새 있는 행-연의 구조를 이루고 있고 현대를 사는 어린이의 경험과 사고 체계에 보다 밀접한 소재와 주제를 지닌 것이어야 할 것이다.

이때, 중학년 수준의 초보 단계에서 산문과 다른 형태로써 행과 연의

구분을 가장 확실하게 보여주는 시 장르의 전형이라면 연시조 장르를 대표적인 것으로 들 만하다. 연시조는 3행으로 규칙적으로 나뉠 뿐 아니라 둘 이상의 연으로 명료하게 나뉘어지기 때문이다. 따라서 연시조 형태야말로 초보적인 단계에서 시 장르 일반의 기본적 특성을 확인시키기에 적절 한 것이며, 이를 토대로 점차 학년이 올라가면서 일반 동요, 동시에서 보이는 다양한 행과 연의 구분형태를 점검하는 것으로 발전시키는 토대가 될 수 있다고 본다. 이와 같이 시의 기본적인 형식상의 특징을 확인시키는 기본 지도내용에 부응하는 점에서도 시조는 중학년에서부터 다룰 만한 적절한 장르라고 본다.

끝으로 시의 감각적 표현 기법에 대한 이해와 관련된 지도내용은 다음과 같이 6학년에서 처음 제시되고 있다.

> 가) 여러 가지 감각적 표현이 주는 느낌을 음미해 보고, 시의 분위기를 살려 낭송한다.(6-문-4)

여기서 '감각적 표현'이란 우리의 시각, 청각, 미각, 후각, 촉각 등의 감각적 체험을 상상에 의해 마음속에 재생시켜서 소위 이미지라고 하는 心的 形象을 이루어내는 표현 기법을 뜻한다. 이런 표현 기법으로는 비유와 상징이 주로 쓰이는데, 이 가운데 초등학교 고학년 수준에 합당한 기법으로는 직유와 은유법이 대종을 이루고 있다. 어린이들은 이와 같은 감각적 표현 기법에 대한 음미를 통해 시의 회화적 특성에 대한 이해로까지 그 감상의 폭을 넓힐 수 있게 된다. 그리고 이러한 감상활동이 이뤄지기 위해서는 어린이의 체험세계를 통해 공감대를 형성할 수 있는 범주 내에서 비유법으로 이미지를 십분 구현해낸 좋은 작품들이 어린이들에게 충분히 제공되어야 할 것이다. 이때 비유법으로 이미지를 구현해낸 작품들을 찾는 데 있어서도 바로 시조가 매우 적절한 장르로 부각될 수 있다. 왜냐하면 시조야말로 한정된 어구 속에 삶의 모든 것을 실어담기 위해 발달한 여러 비유법적 표현이 주요 특성으로 이뤄진 장르이기 때문이다.

이상으로 볼 때, 시 장르를 대상으로 한 6차 교육과정의 문학 영역 지도 내용은 비록 '시조'라는 장르가 언급되어있지는 않더라도, 시조가 갖는 특성을 잘 활용하여 효과를 볼 여지가 충분한 지도 내용들로 구성되어 있음을 확인할 수 있다.

### (2) 시조가 6차 국어과 읽기 교과서에 수록된 양상

앞절에서 살펴보았듯이 6차 교육과정은 문학영역에서 시조 장르를 지도하는데 손색이 없는 내용들로 되어있음을 알 수 있다. 그러나 6차 교육과정기의 '읽기'교과서에 나와있는 시조들을 살펴보면 5차교육과정기의 '읽기' 교과서와 비교해 볼 때, 현저하게 성글어진 실정이다. 5차교육과정기에는 4학년 교재에서부터 6학년 2학기에 이르기까지 거의 매 학기 읽기 교재에 시조 장르가 있고, 시조작품들이 평시조, 연시조, 사설시조뿐 아니라 현대시조까지 고루 하여 총 18수가 실려있다. 그런데 비해 6차교육과정기의 교과서는 사정이 다르다. 5학년 2학기부터 고전적인 시가문학이 소개되는데 거기에는 전래동요만 소개되고 시조는 실리지 않았다. 그리고 6학년 2학기에는 '12.전통문화의 향기'라고 단원명을 붙였지만 실린 것은 '북청사자춤', '고추장', '농악소리'란 제목과 같은 소재를 노래한 가사체 전래민요형식의 시일 뿐이고 역시 시조는 한수도 실리지 않았다.

시조는 초등학교 모든 읽기 교과서를 통틀어 오직 한 군데, 6학년 1학기 한 단원('14. 선인들의 노래')에서만 가까스로 나온다. 그것도 고시조 가운데 단시조, 연시조, 사설시조가 각기 한두 수씩 총 7편이 실릴 뿐이고, 현대시조에 대해서는 아예 언급도 없다. 그리고 단지 '내용과 분위기에 어울리게 시조를 낭독하여 보자'라는 단원목표를 두고 이들 시조의 고전적인 맛을 감상하는데 초점을 두고 있을 뿐이다.

결국, 6차 교육과정기의 초등 국어교육에서는 시조를 단지 지나간 시대의 시 장르 가운데 전래민요나 가사체 문학과 대등한 정도의 장르로 보며, 시조를 단지 고전적인 내용과 분위기만 파악하는 데 그치는 장르로 취급할 뿐임을 알 수 있다. 그러기에 시조와 대등한 비중으로 전래 민요와 가사체 작품을 실었으며, 또한 시조의 고전적인 분위기와 내용을 감상하기에만 강조점을 두고 현대 시조는 아예 싣지도 않은 것이다.

그러나 전래 동요와 같은 장르는 실제 고시조와 대비해볼 때, 그 전해오는 작품의 문학적 정제미는 물론, 작품 유산의 양적 측면으로 견주어 보더라도 대등한 존재로 낮춰 볼 수는 없다고 본다. 더욱이 6차 교육과정에 제시된 문학 영역의 서정문학 지도 내용을 놓고 볼 때도 이를 구현하기 적절한 장르로서는 시조 말고는 전승되는 시가문학 중에 어떤 다른 장르도 이를 대신할 수 없다고 본다. 그런 점에서 6차 교육과정기의 읽기 교과서의 문학영역 단원에서 드러난 바, 시조 제재 수록의 부실 상황은 문제점으로 지적할 만하다고 본다.

이 문제점은 결국, 시조가 우리 문학상에 끼친 큰 영향에 비하여 초등학교 국어교육 실제에서 너무 소홀히 취급되는 데서 오는 것이라고 본다. 그리고 이렇게 소홀히 취급되는 이유는 우리 전통 문학이 서구문학의 전수에 눌려 왜소화해간 데서 온 것일 뿐 아니라, 그동안 학계와 교육계에서도 시조가 문학교육적 측면에서 지닐 수 있는 의의를 밝히고 키우지 못한 결과라고도 볼 수 있다.


### (3) 7차 국어과 교육과정 중, 문학영역에 제시된 시조 관련 지도내용 양상

1997년 12월에 교육부 명의로 제정 고시된 '교육과정'에서 가장 큰 특징은 수준별 교육과정을 지향하고 있다는 점이다. 이 가운데 국어과 경우는 이른바 '국민공통기본교육기간'이라 하여, 초등학교 1학년단계부터 고등학교 1학년단계까지는 심화·보충형의 수준별 교육과정으로 운영하고, 고등학교 2-3학년에 해당하는 단계에서는 '심화선택과목' 5가지를 두어 그중에 선택 운영하도록 하고 있다는 점이다. 여기서 초등학교에 해당하는 곳은 바로 국민공통기본교육기간 중 1단계로부터 6단계까지가 해당되는데 그중 문학영역에 제시된 지도 내용과 이를 기본·심화로 나누어 상세화한 '수준별 학습활동의 예' 부분을 살펴보기로 한다. 그 가운데 시 감상·창작지도와 관련된 부분을 따로 떼어서 초등학교과정인 1단계로부터 6단계까지의 학년별 내용을 요약해보기로 한다. 이를 문학영역 교육과정에 제시된 대로 '내용체계'에 따라 '문학의 본질', '문학의 수용과 창작', '문학에 대한 태도'로 3분하여, 기본 및 심화의 수준별 활동 내용을 정리하면 다음과 같다. 우선, 초등학교 단계에서 '문학의 본질 인식'면으로 제시된 것을 살펴 보면, 다음 표와 같이 작품의 구성요소를 통합적으로 고려하여 작품의 전체적 구조를 파악하는 것과, 문학의 장르에 대한 기본 개념을 이해시키는 것으로 나눌 수 있다. 전자를 위해서는 동시 낭독하며 행과 연, 운율, 분위기 파악하기 활동들을 제시했고, 후자를 위해서는 읽었던 문학작품을 대상으로 작품 형식, 내용, 전달 방법 등을 조사 분석하면서 문학 장르별 기본 개념을 익히도록 하고 있다. 그리고 초등학교에서의 이런 기본적인 인식을 바탕으로 하여 다음의 지도내용들이 이후 학년에서 연계되도록 하고 있음을 본다.

(7학년) 소통 행위로서의 문학의 특성 알기
(8학년) 작품이 사회적,문화적,역사적 상황을 바탕으로 창조된 세계
　　　　임을 알기
(9학년) ① 한국문학의 개념과 특질 알기 ② 한국문학의 역사적 전개
　　　　과정 이해하기
(10학년) 문학의 기능 알기

| 가 문학의 본질 인식 | 1 작품의 구성 요소 알기(4학년)<br>① 기본활동: '동시, 동화나 소설, 극본의 구성 요소를 안다.'<br>② 심화활동: '작품에서 동시, 동화나 소설, 극본의 구성요소가 어떤 구실을 하는지 말한다.'<br>2 문학의 갈래 알기(6학년)<br>① 기본활동: '문학의 갈래개념을 알고, 문학의 갈래에는 어떤 것이 있는지 말한다.'→작품을 시(동요, 동시, 시조) 소설(동화, 설화, 이야기) 희곡(극본), 수필(생활문)로 나눠 비교해보고 차이점을 찾아, 갈래에 대한 이해를 도움.<br>② 심화활동: '문학의 여러 갈래를 비교하고 그 차이점을 말한다.'→ 시, 소설, 희곡, 수필(보편적 갈래)을 비교하고, 갈래에 대한 이해촉구. |
| --- | --- |

　다음, '문학의 수용과 창작'면을 살펴보기로 한다. 이 가운데 '작품의 미적 구조'로 구분되는 부분은 다시 저·중·고 학년에 따라 말의 재미 느끼기, 주제 파악하기 및 감각적 표현 음미하기 등으로 구분하고 있다.

| 나 문학의 수용과 창작 | 1 작품의 미적 구조 | (1) 작품에 표현된 말에서 재미 느끼기(1학년)<br>① 기본활동: '동시나 동화에서 재미있는 말을 찾는다.'<br>② 심화활동: '재미있게 표현된 동화나 동시를 친구들에게 들려준다.' '재미있는 표현을 찾아보고, 그 이유를 말한다.' |
| --- | --- | --- |
| | | (2) 작품에 반복적으로 나타나는 말의 재미 느끼기(2학년)<br>① 기본활동: '동시에서 반복적으로 나타나는 언어적 요소가 주는 느낌을 말한다.'<br>② 심화활동: '반복적으로 나타나는 말의 운율을 살려 동시를 낭독한다.' |
| | | (3) 작품의 구성 요소를 통하여 주제 파악하기(4학년)<br>① 기본활동: '행과 연, 운율, 분위기 등을 통해 동시의 주제를 파악한다.'<br>② 심화활동: '작품의 주제와 구성요소가 어떻게 관련되는지 파악한다.' |
| | | (4) 작품에 나오는 여러 가지 감각적 표현을 음미하기(6학년)<br>① 기본활동: '시를 읽으며 여러 가지 감각적 표현을 찾고, 그 느낌을 말한다.'<br>② 심화활동: '시를 읽고 여러 가지 감각적 표현이 주는 느낌과 그 효과에 대해 토의한다.' |

우선 저학년에서는 작품에 표현된 말에 재미를 느끼며 작품을 즐겨 찾아 읽게 하는 활동을 통해 언어의 유희성과 더불어 표현의 효과를 알도록 하고 있다. 그리고 이를 위해 좀 더 구체적인 활동으로 동시의 반복되는 말 찾기, 반복적으로 표현된 말을 찾아 재미를 말하기, 반복적인 말을 만들어 적절히 사용하기 등을 제시하고 있다. 이를 통해서 저학년 아동들로 하여금 작품에서 반복되는 말의 효과를 음미하며 작품을 즐겨 읽게 하고자 하는 것이다. 이런 활동에 부응하는 것으로, 시조의 감칠맛 나는 3·4조의 운율과 4음보격의 리듬에 실린 첩어로 된 형용어들로 구성된 작품들을 적용한다면 저학년이라 하더라도 합당할 것이다.

그다음 중학년에서는 '작품의 구성요소 알기(4-문-1)'와 관련하여 작품의 구성요소를 종합적으로 고려함으로써 주제를 파악하게 하는 내용이다. 이로써 작품의 구성요소를 통해 주제를 파악하고 이를 토대로 작품 주제와 구성요소 간의 관계도 찾아보게 하고 있다. 시조작품 가운데 주제와 형식 간의 긴밀한 관계를 지닌 것들이 이 학습의 대상이 될 만하다.

고학년에서는 동시의 시, 청, 공감각 등 여러 이미지의 표현을 감상하는 능력을 기르는 데 주안점을 두고 있는데, 이를 위해 감각적 표현을 찾아 그 묘사한 대상의 특징 파악하기, 감각적 표현이 주는 효과 말하기, 그리고 이를 살려 낭송하기 등의 학습 활동을 들 수 있다.

'작품의 미적 구조' 감상에 대한 이상의 초등학교단계의 학습 내용은 이후의 다음 단계의 학습내용으로 연계된다.

(7학년) 문학과 일상 언어의 관계 이해하기(7학년) (3)작품이 지닌 아름다움과 가치를 파악하기
(8학년) ① 독자의 문학적 반응을 환기하기 위한 언어적 표현의 특징과 효과 파악하기
② 작품이 누구의 눈을 통하여 전달되고 있는지 파악하기
(9학년) 작품에 쓰인 여러 가지 표현방식 이해하기

(10학년) ①작품의 구성 요소와 그 기능 알기(10학년)
②문학의 갈래에 따른 작품의 미적 가치 파악하기

그다음 '작품의 창조적 재구성'에서는 저·중·고학년 별로 다음과 같이 구분된다.

| 내 문학의 수용과 창작 | ② 작품의 창조적 재구성 | **(1) 작품에 나오는 인물의 모습이나 성격 상상하기(1학년)**<br>① 기본활동: '동화나 동시를 듣거나 읽고, 작품속의 인물에 대한 생각이나 느낌을 말한다.'<br>② 심화활동: '동화나 동시로 역할놀이를 하고, 작품속 인물의 모습이나 성격을 말한다.' |
|---|---|---|
| | | **(2) 작품의 분위기를 살려 낭독하기(3학년)**<br>① 기본활동: '동시나 동화에서 작품의 분위기를 파악하고, 분위기를 살려 낭독한다.'<br>② 심화활동: '동시나 동화의 낭독을 듣고, 분위기를 잘 살려서 낭독하였는지 말한다.' |
| | | **(3) 작품에서 인상적으로 표현한 부분 찾기(5학년)**<br>① 기본활동: '작품에서 재미있게 표현한 부분이나 느낌을 잘 살려 표한한 부분을 찾고, 그 결과를 친구들과 비교한다.'<br>② 심화활동: '작품에서 재미있게 표현한 부분이나 느낌을 잘 살려 표현한 부분을 찾고, 그 효과에 대해 말한다.' |
| | | **(4) 작품에 창의적으로 반응하기(6학년)**<br>① 기본활동: '작품에 대한 자기 나름대로의 생각이나 느낌을 말한다.'<br>② 심화활동: '작품에 대한 여러 사람의 생각이나 느낌을 알아보고, 이를 작품수용에 활용한다.' |

저·중학년에서는 작품에 흥미를 갖고 상상력을 발휘하여 즐기도록 하는 데 초점을 두면서 우선 분위기를 살려 시작품을 낭독함으로 작품 수용능력을 향상시키고자 하고 있다. 이를 위한 활동으로 동시에서 떠오르는 정경 파악하기, 작품의 내용과 분위기에 맞게 낭독하기 등을 들

수 있다. 본디 음영을 위해 만들어진 시조는 운율과 더불어 분위기와 흥취를 살려 낭독하는 데 적절한 작품들을 많이 제공할 수 있다.

고학년에서는 작품의 표현효과를 이해하는 일과 더불어 작품에 창의적으로 반응하기를 들고 있다. 전자는 작품에서 가장 인상적이거나 재미있게 표현한 부분 찾기와 더불어 그 표현이 왜 인상적인지 표현의 효과를 파악하기 등을 통해 구체화할 수 있다. 그리고 후자는 같은 작품이라도 읽는 이에 따라 다르게 반응할 수 있음을 인식하는 데서 기반을 두고 있음을 알 수 있다. 다양한 시조작품의 감상을 통해 이런 활동도 충분히 이뤄질 수 있다고 본다.

이상의 초등학교 단계 내용은 다음 학년에서 아래와 같은 내용으로 연계되고 있다.

(8학년) 다양한 시각과 방법으로 해석하고 평가하기
(9학년) 작가의 개성 파악하기
(10학년) 작품, 작가, 독자의 관계를 알고, 이를 작품 수용에 능동적으로 활용하기

이어서 '작품에 반영된 사회·문화적 양상'에서는 중·고학년 별로 다음 두 가지로 나누고 있다.

| 내 문학의 수용과 창작 | ③ 작품에 반영된 사회·문화적 양상 | (1) 작품에 나타난 인물의 삶의 모습 이해하기(4학년)<br>① 기본활동: '작품의 시대 배경과 관련지어 등장인물의 삶의 모습에 대하여 말한다.'<br>② 심화활동: '작품에 나오는 인물의 삶의 모습을 작품에 반영된 시대적, 문화적 상황과 관련지어 말한다.' |
| | | (2) 작품에 반영된 가치나 문화 이해하기(6학년)<br>① 기본활동: '작품에서 가치나 문화가 드러난 부분을 찾는다.'<br>② 심화활동: '작품에 반영된 가치와 문화를 현실세계의 그것과 비교한다.' |

중학년에서는 작품에 등장하는 인물의 삶의 모습이 작품의 배경이 되는 시대적 상황과 관련됨을 인식하는 데 초점을 둔 것으로 문학의 반영이론적 특성을 드러내는 부분이다. 그리고 고학년에서도 역시 이 반영이론에 입각해서 작품에는 작품배경이 되는 시대 사람들이 추구하는 가치와 문화가 반영되어 있음을 인식하도록 하고 있다.

고시조를 감상할 때 우리는 바로 이 반영이론의 관점을 가장 중시해야 할 것이다. 고학년에게 고시조 작품을 진정으로 감상할 수 있도록 하기 위해 우리는 그 작품을 생성한 우리나라 중세시대의 인물과 문화와 긴밀한 관련을 인식시키지 않아서는 안 될 것이기 때문이다.

이상의 초등학교에서의 지도내용을 토대로 하여, 그 이후 학년에 전개되는 지도내용은 다음과 같다.

> (7학년) 작품에 나타난 역사적 현실 상황 이해하기
> (8학년) 작가의 세계관과 그 시대의 사회·문화적 상황을 관련지어
> 　　　　이해하기
> (9학년) 작품에 드러난 사회·문화적 상황과 작품 창작 동기를 관련
> 　　　　지어 이해하기
> (10학년) 작품에 드러난 사회문화적 상황을 파악하고 이를 작품수용
> 　　　　에 능동적으로 활용하기

다음, '문학의 창작'면에서는 저·고학년에 따라 다음 세 가지를 들고 있다.

| 나<br>문<br>학<br>의<br>수 | 4<br>문<br>학<br>의<br>창 | (1) 재미있는 말이나 반복되는 말을 넣어서 글쓰기(2학년)<br>① 기본활동: '재미있는 말이나 반복되는 말을 넣어서 동시나<br>　　　　　이야기를 쓴다.'<br>② 심화활동: '재미있는 말이나 반복되는 말을 넣어서 동시나<br>　　　　　이야기를 쓰고, 운율을 살려 낭독한다.' |
| --- | --- | --- |

| 용과창작 | 작 | '자신이 쓴 글에서 재미있는 말이나 반복되는 말이 어떤 느낌을 주는지 말한다.' |
| | | **(2) 작품의 일부분을 창조적으로 바꾸어 쓰기(5학년)**<br>① 기본활동: '자신의 생각이나 의견을 반영하여 작품의 일부분을 창조적으로 바꿔 쓴다.'<br>② 심화활동: '친구들이 쓴 글을 바꿔 읽고, 자신이 쓴 글과 비교한다.' |
| | | **(3) 작품을 다른 갈래로 표현하기(6학년)**<br>① 기본활동: '동화나 소설의 일부분을 극본으로 바꿔쓴다.'<br>   '극본의 일부분을 동화나 소설로 바꿔 쓴다.'<br>② 심화활동: '동화나 소설의 일부분을 시로 바꿔 쓴다.' '시를 동화나 소설로 바꿔 쓴다.' |

저학년에서는 주로 의성 의태어 등의 재미있는 말이나 반복되는 말들을 활용하여 초보적인 창작능력을 기르도록 하고 있다. 그리고 고학년에서는 작품의 일부를 창조적으로 바꿔씀으로써 새로운 느낌을 맛보면서 초보적인 창작의 맛을 보게 하고 있다. 이런 활동의 대상으로 정형률과 댓구형태가 정연한 시조작품은 여기에 제격일 것이다.

고학년은 '문학의 갈래를 안다'(6-문-1)는 지도내용과 관련지어서 지도하며, 갈래의 특성을 살려 다른 갈래로 바꿔쓰도록 함으로써 각 장르의 형식적 특성을 더욱 효과적으로 체득할 수 있도록 하게 하고 있다. 시조가 정제된 정형률의 형식을 지닌 만큼, 이를 이야기글이나 다른 장르로 바꾸거나, 반대로 다른 글을 시조로 바꿔써보게 한다면 각 장르의 특성을 체득하는 데 더욱 효과적일 것이다.

이상의 초등학교 지도내용을 바탕으로 그 이후에 전개되는 것을 들면 다음과 같다.

(7학년) 작품에 드러난 사회·문화적 상황에서의 인물의 행동 파악하기
(8학년) 여러 갈래의 글쓰기

(9학년) 한국문학의 대표적인 작품을 찾아 읽고, 자신의 생각과 느낌
        을 쓰기
(10학년) 생각이나 느낌을 문학적으로 형상화하기

끝으로 문학 영역에서 '태도' 측면은 다음 네 가지 요소를 열거하고
있다.
첫째, 학생 스스로 작품을 찾아 읽는 습관을 기르도록 하는 일을 들고
있다. 둘째는 능동적으로 책을 찾아 읽고, 독서록으로 정리하는 습관을
기르도록 하는 일을 두고 있다. 독서록을 쓰는 일은 바로 독서를 체계적으
로 꾸준히 하는 독서 습관의 중요한 부분이라고 하겠다. 그리고 이 습관에
이어서 고학년에서는 작품에 대한 생각이나 느낌을 정리하여 독후 감상문
이나 창작하는 습관을 기르도록 하고 있다. 그리고 끝으로 범람하는 읽을
거리와 시청각자료 가운데 좋은 것을 선별하여 감상하는 태도와 습관를
기르도록 하는 것을 들고 있다. 이를 위해 소집단별로 공동사고에 의해
선별기준을 토의하면서 목록을 작성 정리하는 활동을 장려할 만하다.
이런 활동을 통해서 학생들은 공동사고에 의해 가치있는 작품이나 영상자
료를 고르는 기준도 정하고 앞으로 읽어야할 도서 목록을 작성하면서
규모있는 문학 감상활동을 다각도로 할 수 있는 자세와 기틀을 다질
수 있게 될 것이다.

| 태도 | (1) 작품을 스스로 찾아 읽는 습관(3학년)<br>① 기본활동: '작품을 스스로 찾아 읽고, 느낌을 글로 표현한다.'<br>② 심화활동: '스스로 찾아 읽은 작품에서 받은 감동을 친구에게 소개한다.' |
|---|---|
| | (2) 읽은 작품에 대해 독서록을 작성하는 태도(4학년)<br>① 기본활동: '작품을 스스로 찾아 읽고, 작가, 작품명, 줄거리, 느낌을 정리하여 독서록을 작성한다.'<br>② 심화활동: '독서록을 친구들과 서로 바꿔 읽고, 책의 내용에 대한 친구들의 생각을 알아본다.' |

> **(3) 작품에 대한 생각이나 느낌을 글로 표현하려는 태도(5학년)**
> ① 기본활동: '작품을 읽고 줄거리와 느낀 점을 정리하여 글로 쓴다.'
> ② 심화활동: '작품을 읽고, 떠오르는 생각이나 느낌을 구체적으로 표현
> 하여 작품을 쓴다.'
>
> **(4) 가치 있는 작품이나 영상 자료 등을 선별하여 읽는 태도(6학년)**
> ① 기본활동: '가치 있는 작품이나 영상 자료 등을 선별하는 기준을 말한다.'
> ② 심화활동: '친구들과 의논하여 가치있는 작품이나 영상자료의 목록을
> 만든다.'

초등학교의 이런 학습내용을 바탕으로 다음 학년에 연계되도록 규정된 내용은 다음과 같다.

(7학년) 작품의 사회적, 문화적, 역사적 상황에 나타난 그 시대의 가
치를 이해하려는 태도
(8학년) 작품에 드러난 민족의 전통이나 사상을 비판적으로 수용하
는 태도
(9학년) 작품 세계를 창조적으로 수용하려는 태도
(10학년) 한국 문학의 전통을 창조적으로 계승, 발전시키려는 태도

## 3. 시조 교육의 의의와 지향점

이 장에서는 시조 교육이 초등학교에서 바람직한 방향으로 나아가야할 길을 모색하고자 한다. 그러려면 먼저 초등학교 어린이 수준에 부응하는 시조의 의의를 찾아보아야 할 것이다. 왜냐하면 초등학교에서의 그 의의를 최대한 발현하도록 하는 일이 시조교육이 지향해야할 점이기 때문이다.

그래서 우선 초등 국어교육의 문학교육에 한정하여, 시조가 어떤 의의를 지니고 있는지 살펴보기로 한다. 그리고나서 이 의의를 초등학교 어린이 수준에 부응하면서 충분히 발현하기 위하여, 앞으로 시조 교육이 나아

가야할 방향은 과연 어떤 것이어야 할지, 그 지향점에 대해 논구해보기로
한다.

## 3.1. 시조 교육의 의의

시의 속성은 흔히 내용과 형식으로 구분하여 설명하기도 하지만, 때로
음악성, 회화성, 의미성으로 구분하여 정리되기도 한다. 이렇게 3분법적
으로 설명한다면, 시의 음악성은 반복되는 언어적 요소들이 일으키는
운율에서 생겨나는 것이라고 할 수 있다. 또 회화성은 주로 시의 여러
비유와 상징 방식으로 구현되는 심상(心像:image)들에서 나온다고 할 수
있다. 그리고 의미성은 시의 주제가 주는 무게와 제재가 주는 전체 분위기
에서 비롯된다고 본다.

이런 3분법적인 설명 방식으로 시조의 특성을 말한다고 해도, 시조는
일반 자유시 못지않게 많은 가치로운 것들을 지니고 있다. 그러나 이
시조의 특성들 가운데 특히 아동의 인지적 정서적 발달도에 부응할 만한
것으로는 시의 음악성을 우선 꼽을 만하다. 이어서 회화성과 의미성의
측면도 고학년 수준에서 거론할 수 있다. 하지만 이들은 초등학교 어린이
들 수준으로 볼 때, 음악성 측면과 대등할 만큼의 비중을 차지하지는
못하다고 본다. 그래서 여기서는 논외하기로 하고, 주로 시조의 형식에서
두드러진 음악성의 측면에 한정하여 그 의의를 들어 보고자 한다.

다 알다시피 시의 음악성을 드러내는 것을 한마디로 말하면 운율이라
고 할 수 있는데, 이는 다시 음위율, 음성률, 음수율로 구분하기도 한다.
그리고 여기에 음보율을 덧붙이기도 하는데 시조야말로 음수율과 더불어,
바로 이 음보율이 음악성을 나타내는데 큰 몫을 하고 있다.

시조는 본디 그 연원에서부터 '唱의 문학'이라는 말을 들을 정도로
음악과 가깝고, 아울러 음악성이 풍부한 장르이다. 그리고 이 음악성은

위에 언급한 윤율 가운데서 주로 4·4조의 음수율과 4 음보율로부터 비롯된 것임을 알 수 있다. 또 시조가 초·중·종장의 3행시로 구성됨으로 인하여 이를테면, 초장에서 시흥을 일으키고 중장에서 이를 키워낸 뒤, 종장에서 이를 다시 감칠 맛있게 매듭짓는 데서 오는 단아한 완결미와 조화미를 보임으로써 3행시의 나름대로의 리듬을 자아내고 있다. 그리고 이런 시조 고유의 리듬은 민족 정서에 호소하여 흥취감을 불러일으키기에 충분하다.

시조의 이런 음악성은 6차 국어과 교육과정의 문학영역 내용 중, 2, 3, 4학년에 반복하여 나오는 시의 운율에 관한 지도내용을 구현하는데 적절한 면을 지니고 있다. '시에서 반복적으로 나타나는 언어적 요소를 찾아보고, 시의 운율을 살려 낭송한다.'는 이 시의 운율에 관한 교육과정 상의 지도내용은, 다름 아닌 시조의 반복되는 음수와 음보를 통해 빚어지는 운율로 인하여 어린이에게 쉽게 구현될 수 있다. 곧, 시조의 4·4조의 음수율은 물론 4음보율의 유장한 리듬은 초등학교 어린이들에게 시의 운율을 통한 음악성을 좀 더 직접적으로 감득하게 해준다. 그리하여 거기서 쉽게 어린이들은 민족 고유의 흥취감도 맛보고 친근한 것으로 받아들이게 할 수도 있다. 이와 같이 시조는 어린이들로 하여금 운율을 통해 쉽게 시의 주요한 음악성을 맛보고, 특히 그 친숙한 전통 운율 속에서 우리 민족 고유의 흥취감을 얻을 수 있는 장점을 지니고 있다.

## 3.2. 시조 교육의 지향점

시조가 초등학교 어린이 수준에서 끼칠 만한 특징 가운데 가장 큰 장점은 그 정형률에서 오는 음악성이라고 앞에서 논한 바 있다. 그렇다면 시조교육이 지향해야 할 점은 바로 이 장점을 십분 구현할 수 있도록 배려하는 것이라고 할 수 있다. 나아가 이 장점을 바탕으로 문학교육이 추구하는 궁극적인 목표를 구현하는 데로 근접시켜 나가도록 진력하는 데서 시조교육의 지향점을 찾을 수 있다고 본다. 필자는 이런 관점에서 세 가지로 나누어 그 지향점을 들어보고자 한다.

어린이들에게 시 교육에서 기초적인 내용으로 중시되는 것 가운데 하나가 바로 운율 지도인데, 앞서 살펴보았듯이 시조가 지닌 음수율과 음보율은 바로 이 운율 지도를 하기에 적절한 요소라고 본다. 특히 시조의 운율은 우리 민족 정서에도 맞기 때문에 시적 흥취를 돋구는데도 적절한 것으로 인정된다. 그런데 그동안 교육과정 운영상에서 문제로 드러나는 것은 다름 아니다. 이 운율에 관한 지도 내용이 교육과정 상에는 2학년부터 나오는데, 정작 이를 구현해야할 '읽기' 교과서에는 6학년에 가서야 시조가 고작 한 단원에만 몇 편 정도 제시되는 것으로 그칠 뿐이라는 점이다.

앞서 살펴본, 제7차 '국어과 교육과정'에서 보더라도 이 운율지도는 2학년부터 나온다.[4] 따라서 이런 운율지도에 적절한 것으로 인정되는, 음악성이 풍부한 시조 작품은 이제 7차 교육과정 아래 새로 개정되는 국어교과서부터 이를 개선하여 저학년으로 앞당겨서 지도함으로 효과를 더욱 높이도록 하는 것이 바로 첫 번째로 지향해야할 점이라고 본다. 비록 사설시조와 같은 형태나 고답적인 내용을 지닌 고시조는 중·고학년에서 다루더라도 평시조로서 내용도 평이하고 친근한 제재를 노래한 즉물시류는 2학년부터 제시되어도 무방하다고 본다. 어린이들에게 친근한 제재의 시조라면 고시조보다는 현대시조가 더 적절할 것 같다. 특히 80년대 이후 '동시조'라는 명칭으로 새로운 장르를 개척하기 시작한 문단 한구석의 노력이 드러나기 시작하는데[5] 거기에서 나온 작품들을 살펴보

---

4) 교육부, <국어과 교육과정> (대한교과서주식회사, 1997), 43쪽.
5) Cf) 경철을 중심으로 1981년도에 '동시조문학' 동인지가 창간되고, 또 <童時調槪說>(한림,1991)을 펴내어 아동문학계에 반향을 일으킨바 있다 그리고 성덕제는 '호암시조선양회'를 만들어 강원도 어린이를 대상으로 동시조를 짓게 하고 <어린이시조>를 수백 권

면 수준급들이 적잖이 눈에 띄는데, 거기에서 추려서 저학년 읽기 교재에 게재하면 아주 합당하다고 본다. 그 작품들의 형식도 시조의 전형적 리듬을 그대로 지닌 평시조로서 흠잡을 데 없고, 제재와 내용도 아동에게 친근한 것들이기 때문이다.

두 번째로 들 지향점은 시조의 이런 음악성을 좀 더 직접적으로 구현시키고 맛보이는 지도가 되도록 하기 위해서 다양한 낭송 방식을 구안하여 보자는 것이다.

그 낭송지도의 예를 하나 들어보기로 한다. 우리는 흔히 입으로만 시조를 읊는데, 그렇게 가만히 읊는 것이 아니라 손까지 움직여서 음절수마다, 또는 음보가 끝날 때마다 손뼉을 치거나 악기를 치며 낭송하게 하는 방법이다. 이렇게 함으로써 시조에 담긴 운율감을 손놀림과 음성으로 구체화시켜서 더욱 분명하게 체득시키는 효과를 얻을 수 있다.

아동이 쓴 시조 작품 하나를 예로 들어 낭송 지도 과정을 기술해보기로 한다. 이때 낭송 지도는 김동국의 논구에 제시된 여러 방법들 가운데서 좋은 시사점을 받을 수 있기에 여기서도 그중 하나를 참고하여 재구조화해 본 것이다.6)

온 세상을 * 환하게 * 비추이는 * 보름달 *
밝고 환한 * 금빛으로 *우리 마을 * 비추면 *
우리도 * 보름달처럼 * 넓은 마음 * 지니겠네 *

〈보름달〉- 부천초등학교 5학년 김진아 -7)

---

발간 배포하고 있으며, 신현배를 중심으로 「동시조 '쪽배' 동인회」가 결성되어 1997년도에는 '어린달과 어울리어'라는 동인지 창간호를 낸 바도 있다.
6) 김동국, '구조분석을 바탕으로 한 낭송지도로 시 향수능력 기르기' (88. 11.4.)
※ 88년도 대통령상을 받은 학교 현장 연구 논문임.
7) Cf) 이 시조는 황연옥교사가 지도하여 펴낸, 부천중앙초등학교 상설 문예반 편, 제4동시·시조집 「덩굴손에 감긴 초록꿈」(정문사, 1996) 181쪽에서 인용한 것이다.

위 시조의 각 음보 끝에 '*'표가 있는 곳마다 초장에서는 트라이앵글을 치고, 중장에서는 템버린을 친다. 그리고 종장에서는 두 악기를 함께 치면서 운율감을 구현시켜보는 것이다. 이와 같이 함으로써 아동들이 시조를 낭송하는 가운데 운율감을 발견하면서 시 전체의 분위기 파악과 더불어 이를 통해 흥을 돋구는데도 크게 기여할 수 있다고 본다.

끝으로 하나 더 들 지향점은 창작지도에 유용하게 쓸 수 있도록 하자는 것이다. 시조 원시의 꽉 짜여진 형태와 구조를 그대로 살리더라도 단어나 어절의 일부만 바꾸면 새로운 분위기를 낳게 되는 새 시조를 만드는 흉내를 내보게 하는 것이다. 또한 4·4조, 4음보율이 주는 친근한 흥겨움을 바탕으로 시조의 대구법적인 구성 방식을 십분 살리면서, 그 원 시조의 단어나 어절 일부를 대치시켜보게 하는 것이다. 그 예를 들어보기로 한다.

| 가을은 | 코스모스 | 활짝 펴 | 아름답고 |
| 하늘은 | 높고 맑아 | 푸르러 | 아름답고 |
| 내맘은 | 책과 벗삼아 | 더한층 | 아름답고 |

〈가을〉 - 복사초등학교 6학년 김솔지 -[8]

위 시조의 특징은 3장이 댓구적인 표현수법을 쓴 데다 각운법적인 효과를 보인 점이다. 이 댓구적인 표현수법과 각운법을 그대로 살리되, 이 시의 제재나 소재들을 조금씩 바꿔서 다음의 줄친 부분과 같이 고쳐봄으로써 새로운 맛을 풍기는 시조로 만들 수 있다.

| 가을은 | 국화꽃 | 함초롬히 | 아름답고 |
| 들판은 | 누른 곡식 | 물결쳐 | 아름답고 |
| 내맘은 | 푸른 하늘닮아 | 더한층 | 아름답고 |

---

8) 부천초등교육개선위원회국어분과편, <열린시조마당>, 교사용시조지도자료집, 1997, 157쪽.

이런 지도 방법은 어린이들로 하여금 시조의 정형률도 익히면서 이를 토대로 새로운 시조를 짓는 재미와 맛을 보이게 함으로써, 시조 창작 훈련의 초보적인 단계에서 효과를 충분히 거둘 수 있는 방법이라고 본다. 아울러 어린이들이 시조 창작을 일상화시키는 데 기여하면서, 이를 통해 국어과교육이 궁극적으로 추구하는 바 고등수준의 사고력 중, 창의적인 사고력 진작에도 기여할 수 있다고 본다.

## 4. 결론

지금까지 우리 초등학교의 국어교육에서 시조교육이 차지하는 실태와 위상을, 우선 교육과정과 교과서를 통해 살펴보고 거기서 시조 교육상의 반성거리를 찾아보았다. 이를 간추려 요약하면 다음과 같다.

시조교육은 초등 국어과에서 1차 교육과정기부터 본격적으로 이뤄졌고, 그 이후 교육과정이 바뀌어 가면서 지속적으로 그 질과 내용 면에서 체제를 정비하여 왔음을 알 수 있다. 그러나 6차 교육과정 아래의 「읽기」 교과서에서는 시조 제재가 상대적으로 부실하게 수록되어 있는데, 앞으로 시정해야할 점이라고 본다.

그리고 이어서 앞으로 시조 교육이 지향해야할 바를 제언 형식으로 진술했다. 이를 세 가지로 간추려 정리하면 다음과 같다.

첫째, 시조가 갖는 가장 큰 장점인 정형률에서 오는 음악성인데, 이 장점은 처음 시를 대하는 초등학교 저학년 어린이에게도 충분히 영향을 주리라고 봄으로, 저학년 아동에게도 십분 발휘시킬 수 있도록, 저학년 교과서부터 시조를 싣도록 해야 한다는 점이다.

둘째는 시조의 이런 음악성이 주는 효과를 좀 더 직접적으로 구현시키고 체득시키는 지도가 되도록 하기 위해서 다양한 낭송 방식을 구안하여

지도해야한다는 것이다.

셋째는 시조의 4·4조와 4음보율이 주는 흥취감을 살리고 시조의 대구법적인 구성 방식을 익히면서 단어와 어구를 대치시키는 방식으로 초보적인 창작지도에 유용하게 쓸 수 있도록 지도 방법을 강구할 필요가 있다는 점이다.

이상의 지향점을 보완할 뿐 아니라 앞으로 시조교육이 더욱 발전하기 위해서는 다음과 같은 사항이 촉구되어야한다고 본다. 그것은 다름 아니라, 모든 시조작가와 연구자는 물론 어린이를 직접 현장에서 가르치는 교사들이 함께 시조를 아끼고 사랑하는 정신을 바탕으로, 시조에서 더 영실한 교육적 의의와 가치를 찾아내고 키워나갈 뿐 아니라, 이를 더욱 효과적으로 어린이들에게 구현시킬 방법을 구안하는 일에 전심을 기울이는 일이라고 본다. 초등학교에서의 이런 노력을 통해서만이 우리 시조는 앞으로도 온 국민에게 그 고유의 가치를 유감없이 드러냄으로, 우리 민족의 정서와 얼을 이어주는 주요 도구가 될 뿐 아니라, 시조가 본디 지녀온 국민 개창의 전통도 계속 이어갈 수 있을 것이다.

본고에서는 좀 더 구체적으로 시조교육의 방안을 구안하고 그 지향점을 명시하려고 했지만, 결국 이번에도 제대로 이뤄지지 못함을 아쉽게 생각한다. 좀 더 구체적인 방안을 구안하고 이를 현장에서 검증하는 일은 다시 후고로 미룰 수밖에 없겠다.

## 참고문헌

교육부, <초등학교 교육과정>, 대한교과서주식회사, 1992.
교육부, <국어과 교육과정>, 대한교과서주식회사, 1997.
교육부, <국어 '읽기' 6-1>, 대한교과서주식회사, 1997.
경  철, <董時調槪說>, 한림출판사, 1991.

김선배, <시조문학교육의 통시적 연구>, 도서출판 박이정, 1998.

로버트 화일헤드, 신헌재 역, <아동문학교육론>, 범우사, 1992.

원용문, <문학의 해석과 방법>, 이회문화사, 1997.

김동국, '구조분석을 바탕으로 한 낭송지도로 시 향수능력 기르기' (88. 11.4.)

동시조 '쪽배' 동인회 편, <어린달과 어울리어> 쪽배1호, 가람출판사, 1997.

부천초등교육개선위원회국어분과편, <열린 시조 마당>, 교사용시조지도자료집, 1997.

부천중앙초등학교 상설 문예반 편, <제4동시 · 시조집 「덩굴손에 감긴 초록꿈」>, 정문사, 1996.

호암시조선양회편, <어린이시조100호출간장원작모음집 「파란마음 하얀마음」>, 명문기업사, 1989

# 우리나라 동화 교육 연구의 현황과 지향점

## 1. 서론

  우리나라에서 동화라는 장르개념을 가지고 처음 나온 작품은 1923년 <샛별>에 기고한 마해송의 '바위나리와 아기별'이다. 그리고 보면 우리나라 동화의 역사는 아직 1세기도 채 안 되는 셈이다. 그러나 이 동화가 우리나라 초등학교 교과서의 주요 제재로 실린 것은 광복 후에 나온 국어 교과서 '바둑이와 철수'로부터 7차 교육과정 아래 나온 국어 교과서에 이르기까지 지속 되어왔다. 아이들이 잉크냄새 풍기는 국어 교과서를 받아들면 맨먼저 펴보는 곳도 다름 아닌 동화 단원이다. 무미건조한 일반 설명문이나 격식을 차린 딱딱한 글보다, 바로 이 동화 단원을 먼저 펴보는 것은 어쩌면 당연한 일인지도 모른다. 그리하여 동화는 이제 우리 초등 어린이들을 대상으로 한 국어교육에 없어서는 안될 중요한 제재로 정착되어 온 것이다.

  그러나 이처럼 동화가 우리 초등국어교육에 차지하는 비중에 비해, 동화교육을 대상으로 한 학계의 연구는 부진한 상태였다. 하긴 아동문학을 학문의 대상으로 삼는 일이나, 국어교육을 학문으로 대접해주는 일도 다른 영역들에 비해 매우 뒤늦어서 1980년대에 들어서서야 가까스로 그와 관련된 박사과정이 생기고 박사논문들이 나오기 시작한 형편이었다.

그렇다 하더라도 비록 1980년대이후부터 20년의 짧은 연륜이지만, 전국 교육대학원과 사범계열 대학원에서 나온 석박사 논문들 가운데는 적잖은 아동문학과 아동문학교육 관련 논문들이 엿보이니 다행스러운 일이라 아니할 수 없다. 필자는 이들 학위논문 들 가운데서 동화교육관련 논문 60여 편과, 일반 국어교육 관련 학회지에 수록된 바, 20편 가까운 동화교육관련 소논문들을 일람하고 거기서 드러나는 동화교육 연구 현황을 분석 점검해보고자 한다. 그리고 이를 바탕으로 장차 추구해야 할 동화교육연구의 지향점을 탐색해보는데 본 논문의 목적을 두고자 한다.


## 2. 동화교육연구 현황

필자는 1984년부터 2004년까지 20년간 우리나라 모든 대학원에서 쏟아져 나온 학위논문 가운데 동화교육을 다룬 것으로 약 61편을 선별하여 검토해보았다. 그리고 국어교육 관련 학회지에 수록된 소논문들 가운데서 역시 동화교육을 다룬 것으로 18편을 선별하여 살펴볼 수 있었다. 학위논문들은 대부분 각 대학의 교육대학원과 특히 90년대 후반부에 생긴 각 교육대학의 부설기관, 초등교육대학원에서 나온 것들이다.

이 논문들은 대체로 ① '초등학교 국어 교과서의 동화교재를 분석하는 연구'와 ② '동화제재 단원을 효과적으로 운영하는 교수·학습 방안 연구'가 대종을 이루고 있다. 그와 함께 ③ '동화를 통한 언어능력 및 창의성 계발에 관한 연구'가 소규모로 뒤를 이었고, ④ '교재화 양상과 개선 방안에 관한 연구' 들도 그 뒤를 따르고 있다. 이제 이상의 연구들을 위 4대 유형별로 항목을 나누어서 분석 검토해보면 다음과 같다.

## 2.1. 초등학교 국어 교과서의 동화교재를 분석하는 연구

본디 교과서에 수록된 교재의 분석연구는 그동안 교과교육 일반의 초보적인 연구 방식으로 흔히 볼 수 있는 영역이었다. 여기에 들 연구내용들을 도표로 정리해보고자 한다. 분량면에서 30%이에 해당하는 19개 논문이 교재분석에 드는데, 좀 더 세분해보면 다음과 같다.

| 유형 | 내용 구분 | 내용 소구분(연구자, 발표연도) | 수량 |
|------|-----------|------------------------------|------|
| 교재 분석 | 동화교재분석 | 전래동화 (**김정이**, 04) | 4 |
| | | 읽기교재수록 동화 (**김근재**, 96) (**한재희**, 98) (**곽필순**, 00) | |
| | 판타지수용 | 판타지 (**권나무**, 04) | 1 |
| | 교재수용양상 | 전래동화 (**이윤남**, 99) (**이형모**, 03) | 2 |
| | 동화수록변천 | 전래동화 (**강완선**, 84) | 1 |
| | 주제변천연구 | 중·고학년 읽기교재 (**임정중**, 00) | 1 |
| | 동화제재의 위계화연구 | 동화제재 (**김상욱**, 01) | 1 |
| | 교육과정변천에 따른 주제연구 | 동화교재 (**최문구**, 97) | 1 |
| | 읽기교재의 동화 | 제재연구 (**홍광희**, 98) | 1 |
| | 7차교재의 주제연구 주제분석을 통한 | 전래동화 (**김덕수**, 02) | 2 |
| | | 4, 5, 6차 교육과정 중심 (**이재훈**, 00) | |
| | 반영된 가치와 교육방법 | 전래동화 (**김선배**, 99) | 1 |
| | 구조분석 통한 | 등장인물 기능 중심 (**이재옥**, 99) | 1 |
| | 교재 실린 동화 분석 | 인물 분석 (**임연수**, 02) | 1 |
| | 읽기교재수록동화연구 | 원본과비교 (**임덕연**, 01) | 1 |
| | 동화학습내용과 구성요소 분석 | (**김명숙**, 02) | 1 |

\* 위에서 발표연도 표시 중, '99'는 1999년도, '00'은 2000년도를 의미함. 아래도 이와 같음

위에서 보듯이, 교과서 분석으로는 동화교재의 전반적인 분석을 필두로 하여 교재수용 양상 (이윤남, 1999) (이형모, 2003)과 수록 변천 과정 (강완선, 1984)및 동화제제 위계화 연구(김상욱, 2001)에 이르기까지 다양한 면모를 보인다. 그러나 동화작품의 본격적인 구조 분석으로는 2편의 제재 연구(홍광희, 1998), (김상욱, 2001)와 4편의 주제 분석,(이재훈, 00) (김덕수, 02) 및 2편의 등장인물 연구 (이재옥, 1999), (임연수, 2002) 등 세 가지로만 치우쳐있다. 교재수록 작품에 대하여는 창작 동화 외에 전래 동화에도 적잖은 관심을 갖고 있고, 판타지 수용에도 관심을 보이는 논문 (권나무, 2004)이 한편 나오지만 대체로 소루한 편이다. 그러나 교재의 동화를 원본과 비교하여 교재 수록상의 문제점을 짚어보는 연구(임덕연, 2001) 및 동화 주제의 교육과정 변천에 따른 통시적 연구(최문구, 1997), 그리고 교재에 실린 동화의 제재, 주제, 주인공을 중심으로 한 구조 분석 등은 교재 분석연구의 교육적, 문학적 의의를 깊이는 연구로 의미를 둘 만하다고 본다. 그리고 개중에는 이재옥(1999)의 연구에서도 보이듯이, 이런 교재분석을 바탕으로 교수·학습 현장에 적용할 수 있는 방법 구안에까지 나아가는 연구들도 몇몇 제시되면서 진지한 천착의 면을 보여준다.

## 2.2. 동화제재 단원을 효과적으로 운영하는 교수·학습 방안 연구

모든 교사들이 동화교육하면 우선 먼저 떠오르는 것이 효과적인 교수·학습 방안에 대한 것이듯이, 이 동화교육 연구자들도 동화교육연구에서 무엇보다 교수·학습 방안 연구에 제일 큰 관심을 보이고 있다. 이것은 이 방면의 연구가 동화교육 전체 연구의 절반이나 되는 39편에 이른다는 점을 보아서도 알 수 있다. 이를 도표화하여 정리하면 다음과 같다.

| 유형 | 내용 구 분 | 내용 소구분 (연구자, 연도) | 수량 |
|---|---|---|---|
| 교수학습방안 | 반응중심 지도방안 | (강정희, 04) | 1 |
| | 독자반응이론 중심으로한 | 초등학교동화교육(이정숙, 94) | 1 |
| | 동화 읽어주기 활동 | 저학년독서태도(김금순, 02) | 1 |
| | 동화 들려주기 | 독서생활 습관화정착방안 (책사랑지혜사랑연구회, 03) | 1 |
| | 원작 동화수업 | 문학교육본질에접근한(최은희, 04) | 1 |
| | 연계성에 관한 | 유치원과 초1(김효신, 02) | 1 |
| | 교육 방안 | 전래동화를통한(김영구98, 김인선96, 송영숙02, 김선배99, 김정이04) | 7 |
| | | 동화교재(문관식, 00), (허미은, 02) | |
| | 문학교육적 수용방안 | 설화(한희정, 01) | 1 |
| | 문학적/교육적 가치와 | 창작동화의(양점열, 95) | 1 |
| | 연행 관점에서 본 동화구연 | (곽춘옥, 02) | 1 |
| | 역할놀이프로그램적용효과 | 동화활용(전은숙, 02) | 1 |
| | 각색을 통한 지도방법 | (김인영, 04) | 1 |
| | 교육연극을 통한 | 동화교육방법(오판진00, 최미혜03) /동화수업과 동화 이해(전경미03) | 3 |
| | 비언어적활동을 통한 | 동화교육방법(현재연, 02) | 1 |
| | 생태주의 양상과 | 전래동화(이소영, 04) | 1 |
| | 동화수업 설계 | 매체환경변화에대응한(김진영, 02) | 1 |
| | 멀티리터러시의 국어교육 | 동화와 에니메이션 '보기'(Viewing)를 중심으로(정현선, 04) | 1 |
| | 아동문학 중심의 | Web 기반 교육 활동 분석(이성은, 04) | 1 |
| | 문학 생활화의 방법 | 학교 교육 및 교과서(유영희, 01) | 1 |
| | 지도방안연구 | 전래동화(홍영숙99, 송영숙02) | 1 |
| | 수용양상과 지도방안 | 전래동화(신정순, 92) | 2 |
| | 통합교육방법 | 회화와의통합(김정애, 03) | 1 |

| 아동 창의성 신장 위한 | 동화활용 음악학습 프로그램(**유현정**, 02) | 1 |
|---|---|---|
| 총체적언어교육방법 | 동화를 통한(**황정현**00, **오연희**03) | 2 |
| 총체적언어교육프로그램이 | 전래동화 통한 읽기쓰기 장애아 문식성 학습에 미치는 효과(**한영희**, 02) | 1 |
| 동화분석 및 지도 방법 | 환상동화 초등 3, 4년(**김영호**, 01)/교재수록동화전체(**최경희**, 94) | 2 |
| 동화 감상능력 평가 | (**김정주**, 99) | 1 |
| 읽기이해수준별 이해도 | 전자동화와 인쇄동화 유형 비교(**정재후**, 03) | 1 |

지도방안 연구로는 앞 절의 교재분석을 토대로 하여 좀 더 다각도로 체계적인 지도방법을 구안하는 연구(김영호, 2001), (최경희, 1994) 뿐 아니라, 저학년의 읽어주기(김금순, 2002)와 들려주기(책사랑지혜사랑연구회, 2003) 및 동화구연(곽춘옥, 2002)을 통한 독서태도에 관한 연구와 비언어적 활동을 통한 연구(현재연, 2002)로부터, 동화감상능력 평가(김정주, 1999)에 이르기까지 다양한 면모를 보인다. 특히 동화의 이해도 평가 연구에서는 초등학교 1학년 아동을 대상으로 읽기 이해 수준 및 동화유형 -전자동화와 인쇄동화-에 따른 비교검토(정재후, 2003)로까지 세분화되는 경향을 보인다.

그리고 앞서 원본과 비교하는 교재분석 연구에서 나아가, 아동의 반응 양상을 비교분석함으로써 교재 동화 제재가 원작 동화에 미치지 못함을 밝히는 연구(최은희, 2004)와 학습자의 수용 양상에 부응하는 지도방안 구안 연구(신정순, 1992)도 보인다. 이를 통해 동화작품 자체가 지니는 비중보다는 이를 받아들이는 학습자의 반응을 존중하는 연구경향이 드러나서 참신한 면을 보인다.

이런 학습자 중심의 교수·학습 방법의 연구 경향은 90년대 초에 처음으로 로젠블렛의 독자반응이론이 우리나라에 소개된 이후에 문학교육 일반의 석박사 논문에서 적잖이 거론되어왔는데 동화교육에서는 이 방면 연구물로 고작 두 편이(강정희, 2004) (이정숙, 1994) 엿보여 다소 아쉬운 점이 있다. 그러나 학습자가 주체적으로 참여할 교수·학습 방안으로서 역할놀이 프로그램 적용(전은숙, 2002), 각색을 통한 지도방법 (김인영, 2004) 및 교육연극을 통한 지도방법(오판진, 2000, 최미혜, 2003, 전경미, 2003) 등이 지속적으로 나와서 동화교육연구의 활기를 북돋아주고 있다. 그리고 매체환경의 변화에 부응하는 Web기반교육활동 (이성은, 2004)과 동화와 애니메이션 '보기'(Viewing)를 중심으로 한 멀티리터러시 국어교육(정현선, 04) 및 그에 준한 동화수업설계 연구(김진영, 2002)들이 나오고 있고, 구미의 총체적 언어교육(Whole Language)의 교육적 효용성을 받아들여 통합교육과정 차원의 동화교육 프로그램을 구안하는 연구(황정현, 2000, 오연희, 2003, 한영희, 2002), 그리고 생태주의를 받아들인 연구(이소영, 2004)에 이르기까지, 나름대로 시대적 변화와 관심사의 추이에 적절히 부응하는 면모를 보이기도 한다.

또 초등학교 교육의 특징으로 들 만한 것이 통합교육과정 운영인데, 이 방면의 연구로서는 음악과 통합하는 프로그램 구안(유현정, 2002)과 미술과 통합하는 구안(김정애, 2003) 연구들이 선보인다. 이중에 특히 음악학습프로그램 구안 연구는 아동의 창의성신장을 도모하기 위한 것으로 제시되어서 동화교육이 좀 더 상위 교육목표를 위한 도구적 수단으로서 기여할 수 있도록 하는 연구로 그 지향점을 드러내기도 한다.

끝으로 유치원 시기와 초등 1학년 시기 간의 동화교육 연계성 연구는 (김효신, 2002) 주로 교과서 분석 외에도 교사를 대상으로 한 설문조사 방식으로 했는데, 유치원에서 동화 들려주기가 주로 수업을 준비하는 전단계에서 실시하고 있는데 비해, 초등학교 1학년에서는 말하기·듣기 시간의 수업동기유발 측면에서 활용된다는 점을 밝히고도 있다.

## 2.3. 동화를 통한 언어능력 및 창의성 계발에 관한 연구

앞서 음악과 통합하는 프로그램에서 선보이고 동화교육의 연계성 연구에서도 살펴본 바, 동화교육은 본 수업 직전의 준비단계나 상위 교육목표를 위해 도구적 수단으로 삼는 일이 흔하다. 이처럼 동화교육 연구 중에는 상위 교육목표를 위한 도구적 수단으로서 좀 더 본격적인 효과를 추구하는 연구가 많이 보이는데 이를 도표로 정리하여보면 다음과 같다.

| 유형 | 내용 구분 | 내용소구분 (연구자, 연도) | 수량 |
|---|---|---|---|
| 동화를 통한 언어 능력 지도 방안 | 의사소통 능력 신장 영향 | 시지각 청해 자료 활용(**이진범**, 98) | 1 |
| | 쓰기 지도 방안 | 동화 교육을 통한(**박종숙**99, **손효선**02) | 2 |
| | 쓰기 신장 방안 | 동화 감상 통한(**조수경**, 04) | 1 |
| | 문학적 상상력지도 방안 | 전래동화 교육(**안오순**, 03) | 1 |
| | 창의성 계발에 관한 | 전래동화를 통한(**이민자**, 96) | 1 |
| | 상상기능 및 성향에 미치는 | 전래동화(**인혜리**, 04) | 1 |
| | 창의력 신장을 위한 | 반응 중심 지도 방안(**강정희**, 04) | 1 |

이 분야는 크게 쓰기 기능 등의 의사소통 능력 신장을 위한 연구와 상상력 내지 창의성 계발을 위한 연구로 대별할 수 있다. 의사소통 능력 신장을 위한 것으로는 주로 일반 동화의 듣기 및 감상교육 운영을 통해 추구하는데 비해, 창의성신장을 위한 연구로는 전래동화교육을 통한 것이 더 많은 경향이다.

이 중에 쓰기 기능 계발과 관련된 연구는 동화를 읽고 독후감상문을 쓰게 하는데 그치지 않고, 설명문쓰기, 극본쓰기, 편지글쓰기로 나아가면서 동화로 하여금 쓰기 능력 일반의 신장에 기여하는 당의정 구실을 하도록 만든다는 점에서 그 특징을 보인다. 그리고 동화를 통한 창의력 신장 방안 연구에서도 동화 읽은 독후활동으로서 교수·학습 방안 가운데 전래동화를 개작하는 다양한 지도 방법들을 모색하여 아동의 창의성 계발에 기여하도록 한다는 점에 그 특징을 보인다.

## 2.4. 교재화 양상과 개선 방안에 관한 연구

이번에는 많은 창작 동화와 전래 동화들 가운데 초등학교 교과서에 수록시킬 교재들을 선별할 수 있는 기준을 정하고, 이들을 교재화하는 방안을 탐구한 연구물들을 살펴볼 차례이다. 이들 논문에는 7편이 보이는데 이를 도표화하여 정리하면 다음과 같다.

| 유형 | 내용 구분 | 내용소구분 (연구자, 연도) | 수량 |
|------|-----------|---------------------------|------|
| 교재화 | 특정 작가 교재화 방안 | 이주홍 동화(**문종현**, 2001) | 1 |
| | | 마해송 동화(**이정숙**, 2000) | 1 |
| | 교재화 양상과 개선 방안 | (**민명인**, 1993) | 1 |
| | 좋은 동화 선정에 관한 연구 | 좋은 동화 선정(**이송희**, 2002) | 1 |
| | 교재 선정 기준 | 창작동화(**박미진**, 2002) | 1 |
| | 선정 기준과 지도 방안 | 전래동화(**유귀열**, 2003) | 1 |
| | 교재화 방안 | 전래동화(**김동일**, 1999) | 1 |

우선 교재화 연구 대상으로서 나온 것으로는 마해송(이정숙, 2000), 이주홍 작가(문종현, 2001) 등 일부에만 그친 면을 보인다. 우리나라에는 전현대의 유수한 작가들도 많고, 그들의 창작동화들도 많은데 과거의 특정 작가 두 사람으로 연구 범주가 한정되어있다. 그리고 창작동화에서든, 전래동화에서든, 교재선정기준 연구에서는 학습자의 수준과 실태를 면밀히 조사한 바탕에서 나온 것이 못되다보니, 좋은 동화 선정과 적절한 교재

선정 기준은 물론, 교재화 방안에서도 합리성 면에서 다소 한계를 보인다.


## 3. 동화 교육 연구의 지향점(결론)

지금까지 필자는 동화교육 연구 경향을, 교과서 수록 동화제재를 분석하는 연구와 동화제재를 효과적으로 운영하는 교수·학습 방안 연구, 동화를 통한 언어능력 및 창의성 계발에 관한 연구, 그리고 교재화 양상과 개선 방안에 관한 연구, 이렇게 네 항목으로 나눠서 1984년 이후 20년간의 동화교육연구가 천착되어온 경향을 살펴보았다. 여기서는 이를 바탕으로 장차 동화교육연구가 지향해야할 점을 역시 위 네 항목별로 나눠서 짚어보고자 한다.

첫째, 교과서 수록 동화 제재 분석 연구면으로는, 작품의 구조분석에서 제재와 주제 및 인물에만 한정하지 말고, 작품의 플롯도 분석 연구하여 그 묘미를 맛볼 수 있도록 해야 할 것이다. 그리고 교재의 작품 분석이 그 자체로 그칠 것이 아니라 분석결과를 토대로 한 동화 제재 교수·학습 방법 구안 연구로도 진척할 수 있도록 해야 할 것이다. 나아가 작품의 장르상의 특징 제고뿐 아니라, 원본과의 대비 검토를 좀 더 다각도로 함으로써 작품의 교재화에 도움 줄 많은 시사점을 충실히 찾아내는 연구가 더욱 풍성해져야 할 것이다.

둘째, 교수·학습 방안 연구면에서는, 학습자가 주체가 된 수업 방안 연구를 장려할 뿐 아니라 학습자의 반응 양상을 면밀히 조사 검토하는 연구가 활성화되어야 한다. 그리하여 이를 바탕으로 동화 제재 선정은 물론 수업 방안 구안까지 해낼 수 있도록 해야 할 것이다. 그리고 동화수업을 중심으로 한 총체적 언어교육의 프로그램 개발과 점검 연구를 더욱 활성화시켜서 초등교육의 특징이기도 한 통합교육과정 운영이 가능할 수 있도록 해야 할 것이다.

셋째, 동화를 통한 언어능력 및 창의성 계발에 관한 연구면에서는 동화 교육에서 할 수 있는 다양한 프로그램들을 가동하는 과정에서 일어나는 학습자 반응의 전모를 면밀히 조사 연구하는데 좀 더 비중을 둠으로써, 개개 프로그램의 효과를 파악해내어, 동화교육이 상위 교육목표에 기여 할 수 있는 보다 상세한 효용성을 활용할 근거를 얻어 내도록 해야 할 것이다.

넷째, 교재화 양상과 개선 방안에 관한 연구면에서도 역시 학습자의 수준과 실태를 면밀히 조사한 바탕에서 교재선정 기준과 교재화 방안을 강구하는 연구를 해야 할 것이다. 그리고 교재화 대상의 작가와 작품 분석 연구도 과거의 몇몇 소수 작가 작품에 한정하지 말고 좀 더 폭을 넓혀서 분석 연구해야 할 것이다.

# 부록

.
.
.

# 아시아 아동문학 대회
# 필자 발표문과 참관기

▸ 아시아 아동문학 발전의 토착화 및 주체성

▸ 한국 아동문학 이론 연구의 현황과 과제

▸ 한국 아동문학의 유의미한
  변모 양상과 지향점

▸ 〈제11차 아시아 아동문학 대회〉
  한국대표로서 대회 첫인사와 끝인사

▸ 제1차 아시아 아동문학 일본 동경 대회 참관기
  (2012. 8. 22. – 26.)

# 아시아 아동문학 발전의 토착화 및 주체성*

　세계사의 최근세는 정치·경제 면에서 한마디로 서세동점의 시대였다. 그러다보니 아시아에서는 자연히 서양 문물의 위세 속에 모든 것을 서구 중심으로 보는 폐단이 생겼다. 그런 영향 아래 아시아 아동문학도 서구 아동문학사의 변두리에 속하는 아류로 폄하 받고 위축되는 경향이었다. 그러나 아시아 아동문학은 분명히 그 나름의 시원이 있고, 거기서 벗어나온 작품들 속에서 나름의 주체성을 띤 토착화된 발전의 근원을 찾아낼 수 있다고 본다.

　그러면 아시아 아동문학 고유 시원은 어디에 있는가? 그것은 바로 아시아 각 지역마다 전해오는 구비문학 속에 있다고 본다. 이 구비문학이야말로 그 속에 민족 고유의 얼과 정서가 서려있기 마련인데, 아동문학은 바로 이 고유 가치를 지닌 신화, 전설, 민담에 시원을 두고, 거기서 기본 모티프를 잡아 작품화해가는 과정에서 꽃피어난 것이다. 곧 아시아에 전해오는 구비문학은 그 지역의 아동문학을 1차로 형성하는 원형질이요, 아동문학의 주체성을 견지하는 근거점이라고 하겠다.

　필자는 아시아 아동문학의 토착화와 주체성을 담보 받을 일환으로 우선,

---

* <제9차 아시아 아동문학 대회>(대만 대동대학교, 2008. 7. 27-30.) 발표 원고.

한국의 대표적 건국신화인 <단군신화>와 우리 민담 가운데 아동이 선호하는 '도깨비' 이야기에 초점을 두고 거기에 드러난 바, 한국 아동문학의 정체성을 찾아보고자 한다. 그럼으로써 이를 토대로 아시아 아동문학이 주체성을 담보받을 만한 방향으로 나아갈 지향점을 모색해보고자 한다.

<단군신화>는 한민족의 대표적인 건국신화이다. 고려시대 일연 스님의 <삼국유사>에 기술된 텍스트를 중심으로 분석하면 한민족의 정체성을 다음과 같이 도출해낼 수 있다.

① 한민족은 하늘님이야말로 인간을 이롭게 하기를 바라는 분이며, 우리가 간청하면 실제로 우리를 도와주는 분이라고 본다. 그런 현세적인 신관을 지니고 있다.
② 한민족이 선호하는 이상적 인간상은 범처럼 민첩하고 용맹스런 영웅의 품성이 아니라, 끈기와 참을성과 순박함을 지닌 인자(仁者)의 품성을 지닌 이다.
③ 한민족이 지향하는 이상향은 인간을 중심으로, 자연이 존중되고 신과도 교류하는 세계이다.

필자는 여기서 도출해낸 한민족의 정체성이, 한국의 첫 창작동화인 마해송의 <바위나리와 아기별>에서도 그대로 드러나고 있음을 논구한 바 있다. 곧, <바위나리와 아기별>의 주인공, '아기별'은 <단군신화>의 환웅처럼 지상 세계로 내려와 바위나리의 동무가 되어준다는 점에서 현세적 신관의 면모를 보인다. 또 아기별은 <단군신화>의 곰처럼 약삭빠르지 못하고 정이 많은 착한 성품을 지닌 이로, 금족령을 내리자 도망 나올 꾀를 쓰는 대신, 울면서 참아내는 쪽이란 점에서 순박한 인자형(仁者型) 인간상의 전통을 잇고 있다. 그리고 <바위나리와 아기별>의 맨 끝장면에 묘사된 바, 바위나리가 다시 피어오른 바닷가와, 다시 빛나기 시작한 아기별로 인해 환하게 밝아진 바닷속의 환상적인 분위기를 통해서 자연과 사람과 신이 교류하는 이상향이요, <단군신화>에서 보여준 바, 天上과 地上이 하나로 이어지는 또다른 신시(神市)의 판타지 세계를 재현하고 있음을 본다.

그 다음, 한국의 도깨비 이야기에 나타나는 도깨비에 대해 다른 나라와 대비하여 살펴 볼 차례다. 그동안 한국에 전승되어오고 전래동화에 구현된 도깨비상은 이웃의 도깨비상이나, 유럽의 그것과 비교해볼 때 공통점도 있지만 적잖은 차이점도 있다.

한국의 도깨비 이야기에 나타난 '도깨비'의 특성을 먼저 들면 다음과 같다.

> 외모: 힘이 세고 몸에 털이 많고 나무 몽둥이나 절굿공이를 가지고
> 　　　다니는 남성으로 묘사
> 특성: ① 선과 악(부자로 만들거나 가난하게 만들기)의 양면성을 지닌다.
> 　　　② 인간을 좋아해서 장난치기를 좋아하며 인간에게 쉽게 속기
> 　　　　 도 한다.
> 　　　③ 메밀, 팥죽, 돼지고기를 좋아하고, 백말, 흰강아지, 백사발 등
> 　　　　 을 싫어한다.

이러한 한국 도깨비의 특성은 과연 다른 나라 도깨비, 정령들과 어떤 차이가 있을까?

첫째, 한국의 도깨비는 다른 나라 도깨비에 비해 선·악의 양면성을 지니고 있다는 점을 들 수 있다. 이것은 온전한 선인도, 악인도 못되는 인간의 속성과도 밀접한 관계가 있다고 본다. 둘째, 한국의 도깨비는 사람을 좋아해서 사람에게 장난도 거는 매우 인간적인 정과 활기를 지니고 있다는 점이다. 이상으로 다른 나라와 대비해서 본 이 두 가지 한국의 도깨비 특성을 종합하면, 한마디로 인본주의적인 속성을 지닌 것이라고 하겠다.

이런 인본주의적 성향은 앞서 <단군신화> 분석에서 도출해낸 바, 인간

을 중심으로 자연을 포용하고 神과도 교류하는 천지인(天地人) 삼재(三才)의 조화와 합일의 정신과 통하는 면이 있다. 그리고 바로 이 천지인 합일의 인본주의적 전통이야말로 그 안에서 한국 아동문학 정체성을 수립할 기점을 세울 만한 것이라고 본다. 그리고 이를 심화 발전시키는 과정에서 우리 한국 아동문학의 주체성을 확보받는 셈이 된다고 하겠다. 그리고 나아가 아시아 아동문학 발전의 토착화와 주체성을 구현하기 위한 계기를 얻을 수 있다고 본다. 그리하여 우리 아시아 아동문학이 결코 서구문학에 못지 않는 그 이상의 고유미와 가치를 인정받을 만한 기틀을 다지는 시발점을 바로 여기서 찾을 수 있다고 보는 바이다.

# 한국 아동문학 이론 연구의 현황과 과제*

## 1. 서론

1900년대 초, 한국의 개화기에 형성되던 新文學의 싹은 아동문학으로 부터 나왔다. 하지만 그 후 아동문학은 지금까지 일반 문학에 비해 창작이나 연구에서나, 양적·질적으로 뒤져왔다. 그러다가 90년대 이후, 수준있는 아동문학 작품들이 다양하게 나오기 시작하면서 부분적으로는 일반 문학을 능가하는 번성을 누리기 시작했는데, 이론 연구와 평론활동 분야는 그에 미치지 못한 것이 사실이다.

본 연구는 한국의 아동문학 연구가 그동안 보여 온 궤적을 살피면서, 장차 21세기의 새로운 환경이 주는 도전에 현명하게 대처할 과제는 무엇인지를 짚어보고자 하는데 목적을 둔다.

---

* <제10차 아시아 아동문학 대회>(중국 절강 사범대학교 2010. 10.15-18) 발표원고.

## 2. 韓國 兒童文學의 발자취와 位相

한국에서 근대 개념의 아동문학은 선각자의 계몽적인 신문화 운동으로부터 비롯되는데, 그 주인공은 1900년대 초, 新文學의 시대를 열던 六堂 최남선과 春園 이광수이다. 이들의 초기 작품들은 대부분 그 제목과 배후에 드러난 창작 동기만 보아도 알 수 있듯이, 당시 십대를 벗지못한 저들답게 청소년을 대상으로 한 아동문학 작품이었다. 따라서 우리나라 시의 효시로 인정받는 최남선의 '海에게서 少年에게'야말로 우리나라 최초의 동시이며, 이를 게재한 <少年>지 창간호 발간일인 1909년 11월이야말로 한국 아동문학의 기점인 셈이다.

六堂은 <少年>을 비롯하여, <붉은 저고리>, <아이들 보이>, <새별>을 발간하면서 아동문학을 일으키고, 잡지 말미의 문예면을 통해 아동문학 건립 운동에 기여했다. 春園도 근대적 아동관과 더불어 아동의 감성을 개방시키자는 논설,<情育論>을 쓰고, 그 주제를 작품으로 드러낸 초기 단편 <소년의 비애>, <어린 벗에게>등을 쓰면서 아동문학 형성의 기틀을 다지는데 일조한 셈이다. 이들의 초기 운동이 비록 계몽적인 사회문화운동에 더 가깝다 하더라도, 이를 통해 아동문학의 기틀을 다진 점은 의의로 인정할 만하다고 본다. 또 이런 아동문학적인 운동과 작품들을 통해 한국 新文學의 기반이요, 한국 문학의 기초가 놓인 셈이니, 이때야말로 아동문학의 위상이 가장 크게 드러난 시기라 할 만하다.

20년대 들어서서 우리는 아동문화운동가, 小波가 발행한 한국 최초의 본격적 아동문예지인 <어린이>를 만나게 된다. 1923년 3월 20일에 발행한 이 잡지는 30년대 초까지 동요황금시대를 이끌고 유수한 아동문학가를 배출하며 한국 아동문학의 기틀을 잡는데 큰 몫을 한다.

한편 이 잡지가 1934년에 통권 123호로 폐간될 무렵, 아니 그 이전 1920년대 중기부터 <개벽>지를 중심으로 일어난 계급문학이 우리나라

전 문단에 주도권을 잡아가기 시작했는데, 아동문학도 이 영향 아래 <별나라>지를 중심으로 아동의 현실 인식과 비판 정신을 중시하는 계급아동문학이 일어났다. 그리하여 성인 문단이 민족문학파와 계급문학파로 나뉘듯이, 아동 문단도 주관적 동심주의에서 크게 벗어나지 않은 방정환, 윤석중, 강소천 류의 민족 문학파와 마해송, 이원수, 이주홍 류의 계급문학파로 나뉜다. 이런 양파의 갈등을 통해 우리 문단은 그동안 소박한 동심주의와 교화적 아동문화 운동에 그쳤던 다소 습작기적 모습을 극복하고 문학적인 자각과 전문성을 깊이고 다양성을 지니는 질적 제고의 효과를 가져왔다고 할 수 있다. 그런 한편 아동문학의 계급문학파가 30년대 들어, 성인 대상의 계급문학파와 함께 득세하면서, 점차 아동문학은 저절로 성인문학의 아류 내지 부속으로 떨어지는 경향을 보인다.

아동문학 문단에서 일어난 2-30년대의 이런 양대 갈등은 40년대 암흑기와 광복혼미기를 거치면서 '兒協'(조선아동문화협의회) 중심의 右翼과 '文學家同盟' 중심의 左翼 간의 갈등으로 이어지는데 이를 통해 아동문단은 더욱 확고하게 성인문단에 예속되는 경향을 보였다. 그러다가 광복혼미기와 6·25 동란을 거치고 1950년대로 들어서면서 성인문단과 더불어 아동문단은 전후의 궁핍을 해결코자 賣文하는 통속 문학으로 전락하는 경향을 띠는데, 이런 통속화는 還都 후에 나온 아동계 잡지들에 연재되는 아동소설류에서 가장 크게 드러난다. 여기서 주목할 점은 이런 아동문학계의 통속화는 바로 성인 문학계에서 오염된 결과였다는 점이다. 이처럼 아동문단은 광복혼란기를 거쳐 6·25동란과 戰後 50년대의 궁핍한 현실 속에서 정체성을 찾지 못한 채 성인문단의 병폐에 영향 받아 훼손되는 경향을 보이기도 했다.

그러다가 아동문학이 본격문학으로서 체제 정비를 갖추기 시작한 것은 60년대부터다. 50년대 말부터 비롯된 일간지의 신춘문예와 잡지의 추천제로 정비되기 시작한 문단의 등단제도가 이 때에 완성되었다. 문단경향도 50년대까지의 좌우익 패 가르기를 일삼던 분위기 대신, 본격 문학 조성의 풍토로 바뀌었다. 작가와 평자 간에는 작품 내용과 형식의 새로운 실험이 난해성 문제가 나올 정도로 활발해지고, 한국 아동문학의 학문적 정리 및 비평 활동도 김요섭, 이원수, 이재철 등을 중심으로 진지하게 이뤄졌다.

70년대 들어서면서는 산업사회 뒤안길의 사회적 문제점을 고발하는 소위 현실 참여파가 일반 문학의 영향 아래 아동문단에서도 일기 시작했는데, 80년대와 90년대를 거치며 더욱 활성화되다가 2000년대에 와서는 <창비어린이>지를 중심으로 정착된 상태이다.

결국 이런 현상 역시 70년대 우리나라 일반 문학이 참여파 대 순수파 문학으로 갈라진 것을 아동문학에서도 그대로 반영한 것이지, 아동문학 나름의 현상이 아니었음은 30년대와 광복 혼미기의 민족 문학 對 계급 문학의 그것과 크게 다를 바 없다고 본다. 따라서 아동문학 문단은 현재까지도 일반 문단의 그늘 아래 의존적인 관계에서 벗어나지 못했음을 알 수 있다.

아동문학은 결국 100년 전까지만 해도 근대 문학을 일으킨 중심 역할을 해왔으나, 20, 30년대 식민지의 궁핍기, 40, 50년대 광복혼미기와 전쟁기와 같은 그늘진 사회적 격동기 속에서 성인 문단의 영향 아래 예속된 채, 지금까지 내려왔음을 알 수 있다.


## 3. 21世紀의 挑戰과 韓國 兒童文學의 課題

여기서는 앞 절에서 살펴본 바, 한국 아동문학이 성인 문학에 비해 뒤지고 그 아류로 폄하되는 처지에 놓인 점을 타개하기 위해, 그리고 21세기가 주는 도전에 대응하기 위해, 우리 아동문학 연구자가 감당할 과제를 들어 보고자 한다.

## 3.1. 兒童文學의 學問的 定立과 批評의 活性化

한국 아동문학의 학문적 정립의 초석을 다진 이는 1965년 <아동문학개론>을 펴낸 이재철교수이다. 그는 1976년에 창간한 <아동문학평론>지, 1978년 <한국현대아동문학사>상재, 1989년 <세계아동문학사전>상재, 그리고 2007년 <남북아동문학연구>상재를 통해, 한국 아동문학의 통시적, 공시적 학문적 정립에 큰 몫을 했다.

이런 업적을 이어받아 아동문학 연구를 좀 더 정치하게 이루려면, 우선 아동문학 장르 및 관련 전문 용어를 공시적, 통시적으로 연구하여 모든 연구자가 수긍할 만한 개념과 범주를 정립시키는 일이 시급하다. 또 이를 바탕으로 좀 더 정치한 학문적 연구 진척과 함께, 해마다 쏟아지는 아동문학작품의 옥석을 가리는 비평활동을 정착시키는 일이 필요하다.


## 3.2. 디지털 時代의 兒童文學

활자 문화에서 전파 문화로 바뀌어가고, '네트문화'의 특성이 드러나는 21세기 디지털 시대의 새 환경에 도전을 받고 있는 21세기 한국 아동문학이 나아갈 길은 다름 아니다.

우선 작가들은 개인 누리집(Hompage)을 운영하고 대화방도 개설하여 독자와의 보다 긴밀한 상호작용을 유지하는 등 디지털 문화를 적극적으로 받아들여야할 것이다. 이로써 작가는 독자의 진솔한 피드백을 통해 좀 더 시대와 현실을 여실하게 반영하는 작품을 창작할 수 있다고 본다. 또 동시 창작과 감상의 경우도, 디지털 시대의 동시는 전자기기를 십분 활용하여 그림과 음악과 동작을 함께 어울어낸 종합예술화 시킴으로써 동시 본연의 음악성, 회화성을 되살리는 효과도 얻을 수 있을 것이다.

### 3.3. 環境 生態的 世界觀과 兒童文學

산업화로 인하여, 자연 환경의 파괴가 날로 심각해가는 요즘 새삼 소중하게 다가오는 것은 환경 생태적 세계관을 회복시켜야 한다는 것이다. 그런데 精靈說(animism)적 세계관을 지닌 동시나, 자아와 세계의 합일을 추구하는 동화의 서사성에서 보듯이, 아동문학의 세계는 바로 이 환경 생태적 세계관과 일치한다. 따라서 동시인은 인간과 자연의 상생적 조화에 관심을 가지면서 生態童詩를 써서 생태계의 모든 존재가 하모니를 이루며 살아가는 모습을 형상화할 뿐 아니라, 환경오염으로부터 자연을 구제할 길을 찾아 문학으로 승화시키기 위한 노력을 경주해야할 것이다.

### 3.4. 統一 韓國을 對備한 兒童文學

21세기 세계 유일의 분단국가인 한반도의 남북은 60여년 간, 사회, 문화 전반적인 이질화가 심각하게 고착된 상태에 있다. 이를 극복하기 위해 아동문학이 할 일은 민족의 정서와 꿈과 정신이 담겨 전해오는 전래하는 설화, 그 중에도 남북한이 함께 공유하는 것들을 중심으로 하여 아동문학 작품화하고 거기서 민족문학의 논리를 탐색해내는 일이다.

# 4. 결론

한국 아동문학은 근대 한국문학을 일으키던 개화기를 제외하고는, 식민지 시대와 국가적 사회적 격동기 속에서 늘 성인 문단의에 예속된 채 지내왔는데, 이를 극복하고 급변하는 21세기의 시대적 흐름에 부응하기 위해 아동문학이 감당할 과제를 요약하면 다음과 같다.

첫째, 아동문학 장르 및 관련 전문용어의 개념과 범주를 정립하고 비평

을 활성화시키기

둘째, 디지털시대의 특성과 장점을 아동문학 창작과 감상에 적극 끌어들여 효과를 꾀하기

셋째, 환경 생태적 세계관에 따른 창작과 비평을 통해 생태의 중요성 인식과 함께 생명에 대한 사랑과 외경심을 갖게 하기

넷째, 민족의 정체성이 담긴 남북한 공유 전래 설화를 작품화하기

## 참고문헌

구인환, 《이광수소설연구》, 삼영사, 1983.

김용희, 《디지털시대의 아동문학》, 청동거울, 2005.

이재철, 《아동문학개론》, 문운당, 1967.

이재철, 《한국현대아동문학사》, 일지사, 1978.

이재철, 《남북한아동문학연구》, 박이정, 2007.

전병호, '디지털 時代와 童詩의 展開方向 探索' <아동문학평론> 94호, 2000.

전원범, '韓國 童詩文學의 흐름과 앞으로의 과제' <아동문학평론> 129호, 2008.

# 한국 아동문학의 유의미한 변모 양상과 지향점*

## 目次

II. 한국 아동문학 가운데 경계를 넘나드는 유의미한 변모들
    1. 동화의 소설화 경향
        김남중 <자존심>(창비, 2006)
        김려령 <우아한 거짓말>(창비, 2009)

---

* <제11차 아시아 아동문학 대회>(일본 동경대회, 2012. 8.22-26) 발표원고(PPT 자료).

■ 유영진, '동화, 장르의 경계를 넘어서'

▶ 2천년대 중반 이전:

내포독자로 '미숙한 어린 독자' ☞ 낭만성, 계몽성

중반 이후: 작가 자신을 앞세우는 경향 ☞ 자의식, 낭만성, 현실 인식

▶ 내포 독자로서의 아동상의 변모


2. 동시와 시의 넘나들기 경향

▶ 기존동시: 아동주변의 소재와 평이단순한 용어와 리듬과 이미지로 구성된 장르

▶ 2000년대 중반기 이후의 새경향 : 위 경계를 벗어나 일반 시로도 통할 수 있는 가능성

☞ 안도현의 <억새>, 송찬호의 <산토끼똥>

산토끼가 똥을/ 누고 간 후에//

혼자 남은 산토끼 똥은/

그 까만 눈을 /말똥말똥하게 뜨고/

깊은 생각에 빠졌다 /

지금 토끼는/ 어느 산을 넘고 있을까?

-송찬호의 <산토끼똥> 전문-


III. 아세아 아동문학의 형성과 세계 아동문학으로의 지향점

1. 아동문학군 형성의 가능태

☞ 극동 아세아의 문화적, 역사적 특성들

① 한자 문화권 아래 긴 역사 공유

② 서구의 서세동점의 직간접적 피해자

☞ 반도국가, 한국의 역할 -- 문화권 간의 중간자

한문화의 전파 : 중국→ 한국 →일본

서구문명 전파 : 일본→ 한국 → 중국

2. 세계 아동문학으로의 지향점

▶ 구미 중심의 아동문학의 한계와 극복책

(1) 과거 서구의 제국주의가 저지른 범죄의 후유증 등을 다룬 후기 식민지주의 관점에서 관용의 문제 등을 거론

Jean Perrot '아동문학에서 추억의 관용과 의무'(2006)

☞ 극복책 : 아세아 아동문학대회라는 단체 결성 상호 유대로 그 해결책을 모색

(2) 자연과 사물을 객관화, 도구화, 분절화할 우려

☞ 극복책 : 한문화권의 노장철학 등의 전통에 기반한

자연과 인간의 합일, 원융 정신에 뿌리를 둔 아세아 아동문학의 보고와 잠재력


IV. 결론

1. 동화의 소설화 경향과 동시와 시의 경계 넘나들기 경향

☞ 아동문학의 질과 폭을 확대하는 긍정적 추세

2. 아세아 아동문학도 지방성을 극복할 지향점

☞ 본래 지닌 자양과 에너지를 발휘하여 세계 아동문학을 선도하는 세기를 대비할 지향점을 모색할 때임

〈제11차 아시아 아동문학 대회〉
# 한국대표로서 대회 첫인사와 끝인사

## 〈대회 첫인사말〉

아세아 아동문학회 동지 여러분,

2년에 한번씩 여는 아세아 아동문학대회를 맞이할 때마다, 어느새 얼굴도 익히고 친구처럼 정이 든 여러분들을 만나게 되는 반가움으로 가슴이 설레이고(羨望), 기대로 마음이 부풀어집니다. 서로 떨어져 있던 2년 동안, 여러분이 가꿔오신 아동문학의 꽃밭이 얼마나 풍성해지고 아름다워졌는지, 그리고 거기서 하나 골라 이번 대회 중에 우리에게 선보일 열매들은 과연 얼마나 신선하고 멋있는 것일지 궁금해서 말입니다.

그런데 올해는 이런 설레임(羨望) 한 구석에 허전한 마음(悲哀)의 상처를 하나 더 저희들 깊은 속에 품고 오지 않을 수 없었습니다. 그것은 다름 아닌 저희 한국아동문학의 대들보(棟梁)이시던, 사계 이재철 교수님을 저 세상으로 떠나보내신 후 첫 번째로 참석하는 모임이기 때문이지요.

저희들은 이 허전한 마음을 달래고자 생전에 사계 선생께서 늘 입버릇처럼 하시던 다음과 같은 말씀을 떠올리며 속으로 되뇌여 봅니다.

어린이는 우리의 내일이며 미래다.
오늘, 우리가 다 하지 못한 꿈을 그들에게 거는 것은
우리가 인류 공동체의 평화와 복지를 언제나 염원하기 때문이다.

사계 선생은 바로 이런 정신으로 선두에서 한국의 아동문학을 이끌어오셨고, 또 22년 전에 '아세아 아동문학대회'를 창립하셔서 오늘 제11회 동경대회까지 이끈 원동력도 바로 이 정신에서 비롯된 것이라고 하겠습니다.

비록 사계 선생은 가셨지만 그 정신은 지금도 남아서 저희와 함께 하시리라 믿어마지않습니다. 저희들은 사계 선생의 후배로서 바로 이 정신을 이어받아 우리 아세아 아동문학대회로 하여금 우선 동아세아의 평화와 복지를 이루는 전초지로서의 몫을 더욱 확대해나갈 책임을 통감하는 바입니다. 아울러 이번 동경 아세아 아동문학대회도 바로 이런 정신을 바탕으로 각 나라와 각 회원 간의 친목이 더욱 돈독해지는 가운데 아세아 아동문학의 고양 발전에 큰 계기를 이루기를 기원하면서 인사 말씀에 대신합니다. 감사합니다.


## 〈폐회 인사〉

아시아 아동문학대회 회원 여러분,

22일 밤부터 今日 24일 밤까지, 동아세아 제1의 도시, 동경 한 복판에서 이뤄진 제11차 아세아 아동문학대회는 참으로 의미로운 기간이었습니다. 그 기간 동안, 동아세아의 아동문학 작가, 평론가, 연구자들이 한자리에 만나 친목도 돈독히 하고, 좋은 대접까지 받으며 값지고 유익한 시간들을 보낼수있어서 참으로 행복했습니다.

작년 봄, 일본 동북부 대지진으로 인한 쓰나미가 일어났을 때만 해도, 저희들은 솔직히 不安스러웠습니다. 그런 국가적 대재난을 겪은 나라에서 과연 이런 대회를 제대로 치룰 수 있을까 하고요. 그러나 그런 엄청난 재난을 겪은지 불과 1년 반이 채 안되었는데도 저희들 염려와 불안이 무색할만큼 이렇게 훌륭하게 치루지 않았습니까! 유사 이래 제일 큰 국가 대난을 감내하고도 끄덕없이 이번 국제대회를 여느 때와 못지않게 이렇게 훌륭히 치룬 본대회의 실행위원장, 기도노리꼬 교수님 이하 임원 제위께 우리 다같이 큰 박수로 경하와 심심한 감사의 정을 표해드립시다!

본 대회 운영에 수고한 이 분들 덕분에 우리는 대회 기간 동안, 아세아 아동문학의 장족의 발전을 위해 각 나라마다 여러 모로 시도하고 연구해 온 것들을 함께 나누며 의논할 수 있었습니다. 우선 23일 오전에는 먼저 各나라 동요 · 동시가 드러내는 현상과 미래의 전망에 대해 다각도로 가늠해보았고, 이어서 오후에는 아동문학 번역에 나타나는 현상과 재고점을 비교문학적 관점에서 짚어보았습니다.

그리고 今日 24일 午前에는 지구 환경 보호와 아동문학 본연의 자세를 생각하는 각 지역별 생태 아동문학에 대해 다뤄보고 이어서 각 나라 아동문학의 전반적, 또는 장르적, 지역적인 현상과 그 의미에 대해 논의하기도 했습니다. 그리고 오후에는 그림책과 기타 미디어의 현상과 전망에 대해 비교문학적인 관점에서 논구해보았고, 끝으로 아동을 둘러싼 사회적 심리적 현상과 아동문학과의 관계를 짚어보는 일로 끝맺음을 했습니다.

이상의 과정과 결과를 통해 우리는 아세아 아동문학이 장차 나아갈 지향점을 다시금 가늠할 뿐 아니라, 아세아 아동문학의 미래를 더욱 향상 발전시키는데 기여할 크고 작은 시사점들을 각 나라마다 적잖이 얻었으리라고 믿어마지 않습니다.

이런 시사점을 바탕으로 다음 학회에서는 좀 더 발전된 논의를 선보이길 기대하기 마련인데, 다음번 제12회 아세아 아동문학대회는 바로 저희 대한민국의 차례라 책임이 무겁습니다.

이번 동경 아세아 아동문학대회에 이어 다음번 학회는 지난 중국 절강대학에서 공표해드린대로 경주에서 갖게 됩니다. 그래서 우선 잠깐 여러분을 모실 경주에 대해 소개말씀드리고자 합니다. 경주는 지금으로부터 2천년도 훨씬 전인 BC57년에 서라벌의 여섯 부족이 뭉쳐 이룬 신라의 발상지요, 중심지인 곳입니다. 그리고 지금으로부터 약 1330 여년전인 AD677년부터는 백제와 고구려를 하나로 뭉쳐 이뤄낸 통일신라의 수도요, 그이후 조선 민족문화의 중심지 몫을 하던 곳으로, 대한민국의 대표적인 천년 고도이기도 합니다.

이 천년고도의 경주에서 2년 후에 제12차 아세아 아동문학대회를 열고 여러분을 모시고자 하오니, 아세아 아동문학 동지 제위 여러분의 성援과 더불어, 부디 꼭 참석하시길 앙망합니다. 그래서 이번 동경의 제11차 대회에서 이룬 성과를 바탕으로 各 나라마다 아동문학을 학문적인 이론 개발면에서나 창작의 질적, 양적인 면에서 더욱 심오 확대하여 이룬 장족의 발전면모를 보여주시길 기원하면서 이만 인사 말씀을 마칩니다. 감사합니다.

〈제11차 아시아 아동문학 대회〉

# 일본 동경 대회 참관기*

## 2012년 8월 22일 수 맑음

이번 대회에는 우리나라 아동문학인 대표로 가기 때문에 내 책임이 무거워서 정장차림으로 아침 일찍 서둘러 집을 떠났다. 그래서 김포공항에 약속시간보다 근 50분 앞서 6시 10분경에 도착했다. 그리고 내가 첫째로 왔겠지 하고 약속장소인 3층을 찾아가니 웬걸 대전의 한상수교수가 먼저 오셔서 나를 맞이하시는 것이었다. 총무인 장성유선생에게 전화하니 공항버스를 놓쳐서 7시보다 좀 늦을 거라는 말에 내가 좀 일찍 오기를 잘했다 싶었다.

7시 가까워지면서 최지훈, 최경희, 진선희, 박방희, 김태호, 원종찬, 소중애, 이상교 선생 등이 오시는데 이상교선생은 오른팔목에 붕대를 감고 왔기에 물어보니 넘어져서 뼈에 금이 가서 자칫 못 올 뻔했단다. 그래서 왜 어린이처럼 넘어지냐고 했더니 그렇게 되었단다. 권혁준교수도 대학원 제자 이은하선생을 데리고 시간 안에 왔다. 문득 2년 전 중국대회 때 공항에

---

* 2012. 8. 22. - 26.

지각해서 힘들게 했던 일이 생각나 '오늘은 늦지 않았군요.'했더니 웃질 않는 것으로 보아 괜한 쓴 추억을 되살렸구나 싶어 후회가 되었다.

그런데 모두들 놀러가는 케주얼한 여행객 복장들을 했지 나처럼 넥타이에 정장 차림한 사람은 없어서 좀 쑥스러웠다. 좀 늦게 온 장성유선생과 또 국제여행사 가이드의 안내에 따라 티켓팅과 짐붙이기를 하러 이동하는 동안, 내 앞에 소중애선생과 이상교선생이 정답게 가기에 소중애 선생한테 이상교선생 잘 넘어지니 이왕 손잡고 가라고 했더니 나보고 잡고 가란다. 그래서 내가 손잡으면 소선생이 샘낼까봐 그런다고 농담했더니 샘 안낸다고 하기에 웃었다. 그런데 아니나다를까 좀 더 가다가 이상교선생은 기어이 또 넘어지고 말았는데 그나마 다치지는 않아서 다행이었다.

9시까지 37게이트로 가서 기다리다가 도쿄행 칼 비행기를 타고 갔는데, 나는 박방희선생 옆에 타고 갔다. 그러나 갖고 간 일본여행기 책을 좀 읽느라, 또 영화를 보느라, 정작 내후년 경주에서 할 아시아 아동문학대회 이야기라도 나눌 것을 제대로 못한 것이 아쉽다. 도꾜 비행장까지 2시간 남짓밖에 안걸려서 11시 10분경에 도착했는데, 우리와는 시간대가 같다 보니 시간도 바꾸지 않고 하네다 공항 풍경도 우리나라와 다를 것없어 외국에 온 느낌이 전혀 안 들었다. 다만 여기저기 보이는 광고판에 일본 글자와 한자가 많은 점이 다를 뿐이다.

짐을 찾고 신주꾸 와싱턴호텔 근처까지 가는 공항버스를 기다리느라 1시간 지체하다가 12시반에 공항을 떠나 1시반에 목적지에 도착하니 와싱턴 호텔이라는 동경 도심의 호텔인데 그렇게 좋은 호텔같지는 않았다. 로비에서 기도노리꼬 교수와 오다께 선생을 만나 반갑게 인사하고 그분들께 양해를 구해서 이번에 모친상을 당해 못온 정선혜선생 몫의 책보따리를 하나 더 얻어놓았다. 호텔방은 이번에는 각나라 대표라고 따로 방을 주지는 않는 모양으로, 나는 한상수교수와 5층 502호실을 쓰게 되었는데 코를 곤다고 걱정하시기에 나도 마찬가지라고 했더니 잘되었다고 함께 웃었다.

방에 함께 가서 짐을 푼 뒤에 만나기로 약속한 시간에 1층 승강기 앞에 가니 사람들이 더디 모여 시간이 좀 걸렸다. 이날 저녁은 대표인 내가 내기로 약속했기 때문에 앞장서서 호텔 지하의 한식, 중식, 일식 등을 하는 식당을 전전했다. 그러다가 원종찬교수가 <간디>라는 인도식당이 어떠냐고 해서 거기에 들어가니 우리 일행, 20명이 들어가기에 좋은 장소라 그렇게 정하고 자리잡았다. 그리고 음식을 정하는 과정에서 문득 김태호와 남민우목사가 일행에 없는 것을 알게 되었다. 그래서 찾아 나섰는데 마침 김태호가 핸드폰으로 전화를 해와서 장소를 가르쳐주고 찾아오게 했다. 그리고 지금은 그 이름을 잊어버린 좀 푸짐한 음식인데 1인당 한국돈으로 만6천원가까이 하는 인도 음식을 시켜먹었다. 대체로 다들 맛있게들 먹어주어서 고마웠다. 식사가 거의 끝나갈 무렵, 일어나서 한마디 했다.

'내가 이번에도 회장 유고로 두 번째, 임시 대표 노릇을 하는데 만일 사계선생님이 살아 계셨더라면 더 좋은 대접을 하셨을텐데 제가 이런 대접했어도 잘 드시니 고맙다'고……

그리고 식사대로 2만엔을 주니 잔돈 얼마를 거슬러주어서 '예상보다 적게 들었구나.'싶었다.

식사 후에 저녁까지는 자유롭게 시간을 보내는 때라 대부분 미술관에 간다고 했는데 6시까지 대표자회의에 참석해야할 나는 거기 따라가기가 여의치 않아서, 마침 한상수교수가 모처럼 도쿄 부근을 다녀보겠다고 하시기에 벌써 일본에 열 번 이상 드나드셨다는 그분을 따라다니는 것이 좋겠다싶어 그분을 따라 여유롭게 호텔주변을 거닐었다. 주변이 금싸라기땅인데 문화대학의 큰 건물 빌딩도 서있고 좀 더 가니 도심지인데도 공원가족묘지가 보였다. 가족단위별로 납골당처럼 만든 곳인데 다소 불교풍의 냄새가 나는 장지문화지만 좁은 땅에 가족단위로 만든 납골당식의 무덤 문화는 앞으로 우리나라도 그렇게 받아드릴 이점이 있지 싶었다.

5시가 다 되어서 호텔로 되돌아와 반시간 정도 눈 좀 붙이고 6시 정각에 여는 각 나라대표자회의에 참석하러 3층 로비로 내려가니 중국의 장풍선생과 대만의 조천의선생등이 먼저 와계시기에 인사드리고 함께 25층 옥상의 식당으로 안내되어 갔다. 긴 테이블에 대표들이 둘러앉아 돌아가면서 이번 회의 전반에 대해서와 다음번 경주대회에 대한 이야기를 나눴다. 내 차례에는 어려운 가운데도 모임을 위해 애써주신 기도노리꼬선생께 사의를 표하고 2년후 경주에서 대회를 열 준비 중에 있다는 이야기를 했다. 뒤이어 장풍선생은 2016년 중국에서는 북경에서 할 셈인데 당신이 대학에서 은퇴한 뒤라, 그때는 중국아동문학연구회 주최로 할 셈이라고 했다. 대만의 조천의 선생 이야기 가운데는 아시아아동문학대회에서 의미로운 것은 인간 간의 교류라고 하면서 한 예로 서울 대회 때 자신을 안내하던 어떤 고교생이 뒤에 대만으로 유학와서 석박사 과정을 마친 이야기를 해서 의미롭게 들었다.

내 옆에 있던 최지훈선생은 전체 앞에서는 이야기 않고 내게만 하신 말씀인데 아시아 아동문학대회가 친목위주로만 간다면 생명이 길지 않으리라는 염려 속에 몇 가지 생산적인 활동을 이야기하셨다. 출판사와 작가가 만나는 자리가 되고, 각국의 책을 번역하고, 공동으로 책 펴내기 및 그림책 원화전이나 도서전을 벌이기, 그리고 아시아 아동문학상을 제정하기 등을 말씀하신다. 그래서 지금 제의하시지 그러냐니까 지금 원로들에게 이야기하면 잘 먹히지 않을 수도 있으니 2014년 경주대회에 앞서 우리가 의논하고 그 일부를 시행해볼 준비를 해보자고 하셔서 좋은 의견이라고 말씀드렸다.

저녁식사가 늦게 나오고 늦게 이야기하면서 먹다보니 6시에 시작한 회의가 9시 넘어서 끝났다. 그런데 남민우목사님은 수요예배를 7시반부터 드리자고 했는데 그게 어려워서 김태호선생과 몇 번 연락나누다가 결국 남목사님 방인 634호실에서 9시에 최지훈, 한상수, 김태호선생과 함께 드렸다. 남목사님은 말라기서 4장 2, 5절을 중심으로 그리스도는 치유하는 빛과 같은 능력을 지니셨다는 요지의 설교를 해주셨다. 그리고 일본 여행 중에 당할 주일날 예배는 당일 아침 6시반에 따로 만나 반시간 이라도 드리기로 함께 의논했다.

## 2012년 8월 23일 목 맑음

아침 6시 반에 세면하고 7시에 룸메이트인 한교수님과 함께 조식을 이왕 전망 좋은데서 양식으로 하자고 25층 식당에 가니 이미 사람들이 많이 와서 긴 줄로 기다리고 있었다. 그래서 다시 3층으로 가니 거기도 사람들이 줄을 서고 있어서 20분이나 기다렸다가 식사했다. 살펴보니 서너명의 종업원이 자기들 일하는 속도에 맞춰 손님들을 모시는 식의, 그러니까 고객중심 아닌 관리자 중심의 비능률적인 운영을 하는 것같았 다. 우리 일행은 모두 식사를 마치자마자 서둘러서 옷을 챙겨 입고 8시 좀 넘어서 1층에 내려가 사람들과 함께 길건너 갔다. 그러나 8시버스는 이미 떠나서, 그 다음차, 8시 반 출발하는 버스를 타고 대회장소인 국제연 합대학 우탄트 기념관으로 가보니 대회는 10시부터 시작하기 때문에 운 영하는 이들만 먼저 왔고 아무도 없었다. 오늘 발표할 사람들만 8시차로 먼저 와서 통역자들과 미팅을 하라는 말을 잘못 듣고 회원 전체가 아침 일찍부터 움직이느라 힘들었던 것이다. 그래서 다른 회원들한테는 미안 했지만, 오늘 개회식에 한국대표로서 첫인사할 나는 통역담당자들을 미 리 만나 첫인사때 할 통역에 대해 말씀 나눌 수가 있었다. 그리고 끝인사원 고를 잘못된 파일로 보낸 것을 알게되어서 제대로 된 것을 다시 보낼 수 있게 되어서 다행이었다.

그러나 우리팀이 서둘러 오도록 하는 바람에 김용희, 나근희선생 이하

몇 분은 아침식사도 못하고 왔다는 말을 듣고 미안했다. 그래서 전체 예산상 마지막날 저녁식사는 우리가 자체로 해야할텐데 그 비용이 빠듯하다는 장성유 선생의 말을 듣고, 그 저녁식사는 내가 막내 결혼식에 직간접으로 축하해준 학회회원들에게 감사의 뜻으로 내가 낼테니, 좀 더 여유있게 먹을거리를 마련해 드리자고 의논했다.

10시 10분이 지나서야 개회식을 했는데 4개국대표들이 단상 의자에 앉아서 차례로 개회인사를 했다. 처음 본대회 회장인 기도노리고 일본대표가 말씀하셨는데, 그 인사말 가운데 8월은 일본이 반성하는 계절이란 말과 또 동아시아 4개국의 이 모임을 국제연합 초창기 아시아계 사무총장이던 우탄트 이름을 붙인 기념관에서 갖는 의미가 남다르다는 언급이 새삼스럽게 마음에 남는다. 그다음 중국대표 장풍선생님이 팔순의 노구에도 원고없이 단상위에 서셨다. 그리고 90년대초 아직 한중 국교가 없을 때부터 동분서주하시던 사계선생을 추모하면서 모두 기립해서 추도의 예를 묵념으로 드리자고 제의하셔서 2분간 추도묵념을 드렸다. 그 다음 대만 대표로 연단에 선 유페이윤(游珮藝) 대동대 여교수는 자신이 도쿄에서 5년반 석박사 과정을 하는 동안의 개인적 회고를 하면서 이대회가 성료되길 기원하는 말을 했다. 그리고 마지막으로 한국대표로서 나는 먼저 이 대회를 운영하는데 수고하신 기도노리꼬 회장께 치하하는 말씀을 드리면서 소중애선생으로 하여금 미리 만들어 준비하게 한 선물을 받아들고 전체앞에서 기도노리꼬 회장께 드렸다. 그리고 이어서 내 준비해간 원고를 읽는 것으로 대치했다. 그 가운데 사계선생께서 남긴 다음의 말씀을 낭독하기도 했다.

어린이는 우리의 내일이며 未來다. 오늘, 우리가 다 하지 못한 꿈을 그들에게 거는 것은우리가 人類 共同體의 平和와 福祉를 언제나 念願하기 때문이다.

그리고 곧바로 오전에 5명의 발표가 진행되었는데 동시 동요 장르에 대한 것이었다. 첫연사로 나선 이는 야마하나이꾸꼬(山花郁子)인데 4년 전 대만 대회 후에 신년초에 내게 예쁜 카드를 보내준 장본인 같아 그때 답신을 못해준 빚을 어떻게 갚을까 걱정했던 바로 그분이었다. 이분은 동요동시를 낭송하는 운동, 이른바 '노래와 이야기의 북포크 실천' 운동을 유치원에서부터 초등학교, 나아가 경노원의 노인들에 이르기까지 펼치는 내용이라 가슴에 와닿았다. 영상을 비추면서 설명하는 중에 영상 속에 조선족 중고생들이 검은 치마와 붉은 마후라로 된 교복을 입고 '나의 살던 고향'을 노래부르는 장면도 마음에 남는다. 이분은 이 운동을 40년이 넘도록 해온 독서 운동가로서의 면모를 보여주어서 참 좋았는데, 룸메이트인 한교수님도 나와 공감을 하셨다. 그 다음을 이은 진선희 선생의 '1970년대이후 한국동시의 생태적 상상력' 발표에서는 낙원이미지에 대한 내용이 있었는데, 질의 토론 시간에 청중 속에서 그게 너무 기독교적인 낙원으로 한정된 게 아니냐는 질문이 나왔다. 생태학에서의 이상적 낙원은 좀 더 넓은 개념이어야한다는 전제에서 나온 질문이다. 그때 진선생은 생태학의 전일적인 이상세계를 낙원으로 본 것인데 그것이 도교의 신선사상이나, 불교의 낙원사상과도 통하는 것이지만 자신이 기독교신자이다보니 한 쪽으로만 치우쳐 해석했던 것같다며 겸허하게 대답을 해서 좋았다. 뒤에 남민우목사님은 사석에서 이번 발표에서 기독교정신을 표방하기로는 제일이라는 칭찬도 하시고, 나도 그 겸양스런 대답이 좋았다고 칭찬해주었다.

그 다음 대만의 샤홍옌(謝鴻文)선생이 대만 동시의 몰락과 미래의 재건축에 대한 발표를 한 후, 원종찬교수가 동시 장르에 대한 명칭을 어떻게 통일할지에 대한 질문을 했는데 대만은 동시든 아동시든 구분하지 않고 동시로 쓴다는 것을 알게 되었다. 이때 일본의 전임 회장이던 하다가나교수는 일본에서도 이 용어가 통일이 안되었다는 점을 들고 동아시아가

이 장르 용어에 대해 함께 토론할 시간을 가질 필요가 있다고해서 공감이 갔다. 그리고 질의토론시간에 한국뿐 아니라 다른 나라에서도 교과서에 동시 수록이 미흡하다는 문제도 나왔다.

오전 모임이 끝난 후 점심은 국제연합대학 근처에 있는 청산학원의 학교식당에 가서 식사를 했다. 그 덕분에 염상섭, 전영택선생이 다녔다는 백수십년 된 기독교 계통, 그것도 감리교계통의 미션 학교의 풍모를 볼 수 있었다. 그래서 점심식사 후 한상수교수와 최지원선생과 함께 고색창연한 본부건물도 가보고 새로지은 교회도 가서 기도도 드렸다. 그리고 초창기 이 학원을 세운 미국 감리교 선교사의 동상과 초창기 학교를 중흥한 어른들의 동상도 찍고, 또 존웨슬레 부조상을 배경으로 사진도 찍었다.

오후에는 아동문학의 번역문제에 대한 발표와 토론이 있었다. 오후 늦게 페널리스트의 토론시간에는 교과서에 타국의 번역 동화 수록이 빈번해야 한다는 논의 끝에 과연 각국의 교과서 실태는 어떤지에 대한 질문이 나왔다. 이 질문을 받은 주자강선생은 중국에서는 외국동화 '나무' 외에 별로 없다고 했다. 그때 권혁준교수가 한국의 경우를 말하는 과정에서 '샬롯의거미줄' '삐삐롱스타킹' 등이 있는데 '우동 한그릇'은 실으려다가 일본에는 한국 것을 안실었기 때문에 싣지 않았다는 말을 했다. 그러자 오다께선생은 중등국어교과서 경우에 박완서가 지은 '옥상위의 민들레'를 실으려다가 작품가운데 자살 문제가 나와서 빼버린 경우를 들면서 <국어>보다는 <음악>책에 '고향의봄', '아리랑'등을 실어놓았다고 했다. 그리고 대만의 임무헌선생은 자신이 교과서 집필자 경력도 있다고 하면서 대만 교과서에는 하야끼의 작품 외에 2편을 수록했다고 말한다.

모임이 끝나고 나가려는데 한 일본 여선생이 통역을 대동하고 내게 와서 아까 권교수의 언급에 대한 항의성을 띤 질문을 했다. 일본 교과서에는 한국 작품이 있고 음악교과서에는 '아리랑'도 있다며, 만일 아까 말한 이유로 한국의 교과서에 일본의 작품이 미수록되었다면 시정해야하지 않겠느냐고 한다. 그래서 그 작품을 싣지 못한 주원인은 꼭 거기에만 있었던 게 아니라 다른 복합적인 원인도 있었다고 말하고 앞으로 실어보도록 노력하마고 약속했다.

그밖에 통속성과 예술성 여부에 대한 기준을 분명히 할뿐더러, 진정한 아동문학작품은 민족적, 문화적인 차이에 앞서 아동이 지닌 공통 특징을 바탕으로 하기 때문에 보편적인 수용을 받을 수 있어 '국적 없는' 아동문학작품의 특성도 중시해야한다는 이야기도 나왔다.

이날 학회를 모두 마치고 호텔로 돌아와서, 저녁 식사 후에 워싱턴호텔에 40명 정도가 들어갈 둥근 탁자의 방 하나를 빌려서 첫 <한국아동문학의밤>을 가졌다.

첫 행사이고 저녁 8시 반부터 하는 행사라 참석자가 얼마나 될까 걱정했는데 우리 한국팀 19명 외에 일본의 기도노리꼬씨를 비롯해 연로하신 분들과 대만의 임무헌선생 및 중국의 여러분들이 오셔서 40좌석을 꽉 채워주어서 감사했다. 그런데 호텔측에는 10시까지 빌려서 1시간반에 끝내야하는데 초대된 한국의 작가는 9명이나 되었다. 이 작가들의 대표작 선집인 작품집 <보동보동>을 미리 나눠드렸지만 그 책이 일어 중국어로 번역된 것이 아니라 한국어로만 된 것이고, 뒤에 알고 보니 <보동보동>이라는 책제목부터 이 책을 편집한 송재진씨가 소속한 어느 젊은 작가들의 동인 명이었단다. 그래서 선집 안에 든 선배작가들이 분개하는 이야기를 듣고 아차 싶었다. 사실 난 장성유선생이 그런 책을 만든다는 이야기만 들었지 책 제목을 어떻게 하겠다는 구체적인 이야기는 듣지 못했던 것인데, 모든 것을 일임하는 내 리더 방식의 한계를 새삼 느꼈다. 그리고 이 행사의 진행방식에서도 한정된 시간에 많은 작가와 좀 더 진지한 대화를 나누는 분위기 조성면에서의 보완도 필요함을 느꼈다.

밤에 김태호군에게 경주 지역을 소개하는 내 끝인사에 필요한 경주사진

자료를 찾아 PPT를 만들어 달라고 부탁하니 아주 훌륭하게 만들어 보냈다.

## 2012년 8월 24일 금 맑음

　이 날도 어제와 다름없이 햇볕 쨍쨍한 더운 날씨다. 비록 날씨가 덥더라도 오전에는 내가 발표하는 날이고 또 대회를 마감하는 폐회 인사가 있는 날이라 양복과 넥타이를 메고 발표장에 갔다. 첫 섹션에는 생태아동문학에 대한 시간인데 사회는 본디 오다께선생과 함께 한국의 정선혜선생이 맡기로 했지만 정선생의 상고로 인해 최경희교수가 대신 맡았다. 홍콩의 반밍주가 '생태아동문학창작과 보급'을 발표하는 과정에서 홍콩의 대표작가 황칭원(黃慶雲)등의 에콜로지를 주제로 한 작품을 소개하고 '이야기 모임'등의 보급상황도 소개했다. 뒤이은 한국의 남민우목사님은 '지구환경 보호와 아동문학의 역할'을 발표했는데, 전인적 존재로서 인간의 영혼, 육 별로 환경보호를 위한 의식 훈련을 제언하는 점에서 특징을 보였다. 그다음 중국의 라오위엔 작가는 '생태환경보호 동화 창작에 대한 고찰' 발표에서 자연보호 관계 동화를 직접 창작한 과정에서 체득한 사항을 들면서 자신에게 영향을 준 많은 선배 작가, 학자, 교수, 평자들의 이름을 29명이나 열거한 점이 인상적이다. 그만큼 중국에는 아동문학 창작에 영향을 줄 만한 많은 전문가들이 있다는 점 뿐 아니라, 이들에 머리 숙여 배우면서 감사하는 랴오위엔(饒遠) 같은 후배 작가가 있다는 점도 부러웠다. 그 다음 중국의 황유홍(黃育紅)은 대학원생들과의 공동 연구물이라면서 일본의 저명한 작가요, 100년전에 이미 생태문학을 다룬 선구자 미야자와 겐지의 동화에 나타나는 생태의식 연구를 발표했는데, 중국 아동문학 연구자들이 일본의 작가를 이만큼이나 깊이 있게 연구해 낸 점이 인상적이었다.

　뒤이은 토론도 주로 미야자와 겐지 문학에 관한 이야기로 이뤄졌는데,

그 과정에서 다음과 같은 점을 알게 되었다. 그 작가의 문명의 상징으로 나오는 작품속의 '철도'는 바로 그 작가가 소싯적에 살던 고향마을 이와떼현의 철도와 연관된다는 점, 그의 배금사상은 자신이 대금업을 하는 집안의 아들이라는 콤플렉스의 발로라는 점 등이 그것이다.

그날 오전 두 번째 섹션은 '아동문학과 지역문화와의 관계'를 살피는 내용들인데 예정보다 20분이나 늦은 11시 40분에 시작되었다. 첫발표자로 나선 중국의 왕관젠(王泉根)은 '동물 문학의 정신적 책무와 다면적 창조'발표에서 동물문학의 특성과 여러 유형을 비교적 짜임새 있게 제시하고 있다. 그 다음 대만의 등밍윈(鄧名韻)은 '고전작품과의 대화'에서 암송하기, 내용간추려 쓰기, 만화나 주석, 미디오로 보완하기, 및 현대생활 요소를 가미하여 바꿔쓰기 등을 제언하며 문학교육적으로 시사점을 줄 만한 여러 방법을 거론해서 의미로왔다. 그리고 이어서 사토 모로코(佐藤宗子)선생이 50년대 일본에서 나온 소년소녀용의 번역총서를 분석한 연구 발표를 했는데, 서양 고전에 비해 동양 고전은 양적으로나 질적으로나 소루하게 취급되고 있다는 요지를 보이면서 거기에서 21세기적 교양 형성을 위해 동아시아 아동문학의 교류와 보급의 필요성을 촉구하는 결론을 끌어내는 점이 돋보였다.

그 다음 내가 '한국아동문학의 유의미한 변모양상과 지향점'을 주제로 발표했는데, 처음엔 갖고간 PPT 조작을 김태호군에게 부탁하고 나는 그대로 앉아서 발표할까 하다가, 살펴보니 모두 발표자가 직접 조작하며 발표하는데 나만 유독 남을 시켜 하는 것이 안좋아보여서 내가 직접 조작하며 발표했는데 그러다보니 시간이 좀 더 걸려 15분 발표시간을 어겨서 아쉽고 미안했다. 내 발표의 끝부분인 '세계아동문학으로의 지향점'에서 나는 프랑스의 장 뻬로가 2006년 서울대회 때 보내온 원고의 핵심인 '과거 서구의 식민지 활동을 통한 제국주의적 만행에 대한 후유증의 극복책을 아동문학 관점에서 모색'하고자 하는 바를 제시하면서 우리 동아시아는 이미 20년전부터 가해국과 피해국이 하나가 되어 아시아 아동문학대회를 개최하면서 이 문제를 극복해가고 있다는 점을 들고 아시아 아동문학이 지방성을 벗어나 서구중심의 아동문학을 계도하면서 세계의 중심으로 나아가자고 했다.

이어서 질의 토론 시간에는 고전을 읽히는 목적이 뭐냐는 질문에 보편적 가치와 문학의 연속성 이해 등을 들고, 이야기의 재화(再話)의 의미에 대한 부정적인 질문에는 안델센의 동화 중에 많은 부분이 재화(再話)임을 들며 그 의의를 변호하던 말이 기억난다.

그러나 내 발표에 대한 질의는 아무도 없었다. 그런데 휴식시간에 일본의 전 학회장이신 하다까나 게이지(畑中圭一)씨가 내게 조용히 다가와서 장뻬로선생을 당신이 잘 아는데 유럽의 아동문학회 회장이 아니라고 하시지 않는가! 뒤에 다시 살펴보니 장 뻬로선생은 <샤르르 뻬로 국제연구소>를 설립해서 그 소장으로만 있을 뿐인 것을, 내가 잘못 알았던 가보다. 그런 중대한 실책을 전체 앞에서 지적하지 않고 개별적으로 지적해주신 하다까나 선생님께 새삼 머리를 숙이지 않을 수 없었다.

금요일 점심은 국제연합대학에서 나와서 큰 길가 지하의 <브리즈 오브 베이>라는 식당에서 간단한 점심 대접을 받았다. 그리고 한상수교수와 최지훈선생과함께 근처 시비야 전철역까지 걸어가 보았다. 약국을 찾아가서 부인들 발에 부치고 자면 피로가 풀리는 좋은 파스가 있다는 말을 최경희교수에게서 듣고 이것을 집사람에게 꼭 사주고싶다는 한상수교수님의 일념에 나도 공감해서 그 뙤약볕을 무릅쓰고 함께 찾아다닌 것이다. 그러나 한국에서는 그렇게도 많은 약국이, 일본에서는 도쿄에서도 알아주는 번화가, 시비야 역 근처 어디에도 보이지 않아서 한개당 120엔(한국돈 1800원) 하는 캔커피만 하나 씩 빼먹고 그냥 돌아오는데 무슨 이야기 끝이던가, 최지훈 선생이 경북사대 국어과를 다니다가 집안형편 때문에 2학년에 당시 초급대학이던 대구교대에 들어가려고 입학시험 볼 때 국어를 보는 첫시간에 1분 늦어 못쳤지만 수학을 잘 쳤기 때문에 입학한 이야기를 들으며 발표장에 2시 40분이 되어서야 돌아왔다.

좀 늦게 와서 보니 어느새 오후 첫 번 발표는 끝났고 이어서 오후 두 번째 사람인 대만의 줘수민(卓淑敏)씨가 초등학교 어린이 공연을 예로 든 '해석, 표현과 조종'이란 제목으로 발표하는 중이었다. 대만의 어느 초등학교에서 아동이 주체적으로 손인형극을 만들어 상연하는 데까지의 이야기와 그것이 갖는 의의를 짚어본 것인데 실제 아이들을 지도하는 현장감과 진지성이 보여서 좋았다. 그다음 최경희 교수가 '한국 그림책에 구현된 전통문화'를 발표했는데 우리 정신문화와 생활문화에 걸쳐 체계적으로 구분한 것도 좋았지만 PPT를 통해 해당 그림책을 비춰주는 덕에, 우리나라 그림책의 면모를 드러내는 효과도 보여서 좋았다. 오후의 이 섹션은 그림책이라 그다음도 우리나라 원종찬교수의 '한중일 공동평화 그림책의 현재'라는 글이 발표되었다. 한중일 작가와 편집자들이 5년전부터 모여서 '평화그림책'을 만들기로 하고 과거를 정직하게 기록하고 현재의 고민을 함께 나누며 미래의 평화를 위해 연대하자는 목표 아래 일제시대 위안부사건, 남경사건, 원폭사건들을 제재로 그린 그림책의 출간과정과 그 의의에 대한 글인데 동아시아 아동문학대회에 걸맞은 내용이라서 좋았다. 하지만 위안부를 다룬 그림책, <꽃할머니> 간행을 두고 일본측과 벌인 갈등을 이야기할 때는 다소 조마조마했는데 이야기를 원만하게 해주는 덕에 아무런 문제가 없어서 좋았다.

커피 타임 시간에는 야마하나 이쿠코(山花郁子)선생에게 내가 벼르던 선물을 줄 수 있어서 좋았다. 대만이던가, 중국 절강대학 모임이던가를 끝내고 귀국한 뒤에, 함께 찍은 사진과 함께 연말카드를 보내주신 이분에게 나는 그만 답신을 차일피일 미루다가 끝내 못하고 만 빚이 있었다. 그래서 통역으로 수고하는 김광식선생에게 특별히 부탁해서 그분과 만나 내 갖고 간 홍삼캔디를 선물로 주며 몇 년전 답신 못한 점을 사과했다.

그리고 나도 갓 스무살부터 초등교사로 시작하며 아이들이 이야기와 노래를 좋아해서 그 약점(?)을 이용해 수업분위기를 잡는데도 활용했다는 내 경험담도 들려주며 '당신의 방법으로 동시지도를 활성화시키는데 쓰도록 제자들에게 권면하겠다'고 했더니 웃으며 좋아하신다.

마지막 섹션은 오후 3시 반이 넘어서 대만의 차이밍위안(蔡明原)이 '대만 소년소설로 보는 내셔널리티의 차이와 아이덴티티의 확립'을 발표하는 것으로 시작했다. 외국인 신부(新婦)와 자녀를 제재로 한 것인데, 대만도 우리나라 못지않게 다문화가정의 문제와 더불어 이를 제재로 한 아동소설이 많다는 것을 새삼 알게 되고 그 분류방법에서도 시사점을 얻을 수 있었다. 그다음은 일본의 와다 노리코(和田典子)가 '현대 일본 아동의 라이프스타일과 아동문학'을 발표했는데 초등4학년부터 고교2학년 학생들을 대상으로 2004년부터 5년간 조사한 데이터를 가지고 분석한 내용을 보니 활자매체에서 매스미디어로 바뀌며 고교생으로 갈수록 야행성 생활의 특성을 보인다는 점이 우리와 다를 바 없었다. 이의 해결책으로 제시한 여러 내용 가운데 일본의 각급 학교에서 함께 독서하기 활동하는 비율이 초등학교는 93%, 중학교는 87%, 고교는 43%라는 것을 보고 문득 우리는 이에 반도 못미치지 않을까 하는 우려가 들었다. 그다음은 권혁준 교수가 '한국의 아동소설,'어린이의 욕망'과 '본성'에 주목하라'란 제목으로 발표했는데 한국의 아동소설이 자기희생적인 미덕을 지닌 주인공에서 벗어나 차츰 내면의 본성과 욕망을 추구하는 주인공의 심리를 다루는 작품들이 늘어가는 현상을 PPT로까지 그 구체적인 해당 작품을 보이며 기술했는데 내용이 참신하고 좋았다. 끝으로 일본의 노가미 아키라(野上曉)씨가 '핵과 일본의 아동문학'을 발표했는데 히로시마・나가사키 원폭과 3.11 후쿠시마 원전사고를 제재로 한 작품을 소개하면서 요즘 사회적 테마를 기피하고 시장원리에 편승하여 너무 엔터테인먼트로 기우는 경향을 우려하는 것으로 결론을 맺었는데 부분적으로는 긍정이 가도 아동문학의 특성상 전체를 다 받아들이기는 어렵지 싶었다.

발표회를 다 마치니 예정보다 근 1시간이 늦어서 오후 6시 10분 전이 되었다. 그래서 휴식 시간없이 곧바로 폐회식을 했는데 먼저 한국 대표인 나더러 다음 주최국으로서 안내를 곁들인 끝인사를 하라고 해서 단상에 올라가, 우선 먼저 어려운 여건에서 대회를 성공적으로 치러준 기도 노리꼬회장께 감사의 박수를 쳐드리자고 제안하여 박수를 받게 했다. 그리고 이어서 이틀간 섹션별로 발표한 것들을 간추려 말하면서 여기서 얻은 시사점을 토대로 좀 더 발전된 내용을 다음 대회 때 보여야할 것이라고 한 뒤, 2년후 경주에서 제12차 아시아 아동문학대회를 열되, 가능한 대로 이재철교수의 뜻을 받들어 세계아동문학대회로 승격시켜 개최할 의욕도 갖고 있다고 말했다. 그리고나서 어젯밤 김태호선생이 준비해준 경주 주요 장면이 든 PPT 자료를 보여드리면서 2년 후에 많이들 참석하십사고 권유하는 말로 끝맺음을 했다. 그리고 이어서 중국 아동문학회에서 주최국, 일본에 선사하는 기념품 증정이 있은 뒤에 일본의 대표인 기도 노리꼬 여사의 폐회사로 모임 전체의 막을 내렸다.

그러고나니 6시 10분경이었는데 같은 건물의 아래층에서 7시부터 이별 파티가 열린다고 했기 때문에 시간이 좀 남아서 우리나라 회원들 중, 일부를 자유롭게 의자에 앉은 상태로 모아놓고 잠깐 23일 밤에 처음 시도했던 '한국아동문학의 밤'에 대한 소감과 좀 더 수정할 점이 있다면 무엇일지 이야기 나눌 시간을 가졌다. 그런데 몇 가지 건설적인 이야기들이 진지하게 나오기에 '내일 저녁때 내가 둘째아들 결혼시킨 턱을 낼 겸 만찬을 가지려 하는데 그때 다 모인 자리에서 진지하게 이야기 나누자'고 약속하고 모임을 끝맺었다.

그리고 저녁 7시에 이별파티장에 가니 먼저 주최 측 일본의 오사까 아동도서관장님 및 하다나까 게이치 전임회장 등 여러 어른들의 인사말씀이 있고 뒤이어서 기모노를 입은 예쁜 세 여자 어린이가 애조띤 일본

노래에 맞춰 사랑하는 님을 그리워하는 내용을 표현하는 전통민속노래를 반주삼아 귀여운 연기와 춤을 보여주었다. 내가 그 장면을 동영상으로 찍고 있는데 소중애선생이 무슨 내용인지 모른다고 투덜거리기에 연인을 그리워하는 슬픈 이야기라고 했더니 어떻게 그걸 아느냐고 묻는다. 그래서 '누굴 사랑해보지 않은 사람은 도무지 알 수 없는 이야기일걸' 하고 농담 삼아 대답해주니 웃는다.

식사하며 이야기하는 중에 대만의 린부셴(林武憲)선생과도 옆에 앉아서 잠깐 눈웃음 주며 몇 마디 이야기나눴다. 그분은 당신 이름 끝글자인 '憲'자가 내 가운데 이름 글자와 같다고 친근감을 보이시는 분이다. 동시인이기도 한 그 분은 대만에서 국어 교과서를 만드는 일을 주도하시는 분 같은데 그럴 줄 알았으면 우리가 만든 국어교과서를 몇권 가지고와서 드릴 걸 하는 아쉬움도 들었다. 또 한사람 김황(金晃)씨라는 재일교포도 만나 인사를 나눴는데 내가 교원대에 있다고 했더니 박시룡교수도 잘 안다면서 황새 일로 교원대에도 몇 번 왔었다고 해서 반가웠다. 아동문학 연구가이면서 생태동화 작가로 알려진 이인 모양인데, 머리가 벗겨지고 콧수염까지 기른 인상이 꼭 야무진 일본인 같지만 우리말 잘하는 재일교포라서 친근감도 들었다. 밤 9시가 넘어서 모임이 끝나고 버스로 호텔로 오니 10시가 다 되었다.

이 날 사진 정리와 함께 일기를 쓰려고 하는데 권혁준교수로부터 로비로 나오라는 전화가 왔다. 잠깐 바람쏘이며 맥주를 하자는 것이다. 누구누구 나왔냐고 했더니 다들 나왔다는 것이다. 그러니 명색이 대표로 왔는데 안나갈 수가 없어 룸메이트인 한교수님께 함께 나가시지 않겠냐고 했더니 초저녁 잠이 많아 못나가겠다고 하신다. 그래서 할수없이 혼자 로비에 갔더니 권혁준, 남민우, 원종찬, 김용희, 이상교, 박방희, 나근희, 소중애, 원유순, 이은하선생, 그리고 뒤에 최지훈선생까지 나오셨다.

권교수가 쏜다면서 근처 슈퍼에서 캔맥주와 안주거리들을 두 봉지에 가득 사들고 호텔밖으로 앞장서서 나가는데 우리도 따라 나섰다. 그리고 길건너 근처에 있는 시원한 공원 벤치를 찾아서 빙둘러 앉았다. 그리고 중국의 옛 고기록에 우리 민족의 특성을 논하는 자리에서 활을 잘쏘는 민족이고 같이 모이면 며칠밤을 새며 노래부르고 춤추는 흥이 많은 민족이라고 했는데 그것을 입증이라도 하듯이, 우리들은 24일밤을 동경 중심지에 있는 공원 한구석을 점령하고 앉아서 자정이 넘도록 흥겹게 우리나라 가곡과 가요를 가리잖고 독창도 하고 합창도 하며 50년대 노래서부터 요즘 노래에 이르기까지 훑어가며 시간 가는 줄 모르게 보냈다.

말미에 문득 1920년대 이후, 조선의 유학생들이 생각났다. 저들이 공부한다고 동경에 와서 소위 신문명에 주눅이 든채 가난하지만 정든 내 조국을 그리면서 이런 공원에서 쭈그리고 있었을 것을 상상하는 말을 하니 모두 공감하는데, 특히 김용희선생은 자기 선친께서 바로 그 유학생이었다면서 의미심장하게 받아들인다. 그래서 저들이 이런 공원에서 불렀을 가곡, '해는 져서 어두운데…'를 모두 약속이라도 한듯이 함께 부르고나서 모임을 파했다.

## 2012년 8월 25일 토 맑음

25일도 계속 화창한 날씨다. 한교수님과 아침 일찍부터 서둘러 이 워싱턴 호텔의 맨 위층인 25층 양식집에 갔다. 일찍 갔어도 역시 줄을 서서 20분은 기다려야 들어갈 수 있었다. 와서 보니 전망도 장관이지만 뷔페식으로 갖다먹는 양식의 질과 양의 수준으로 봐도 그만큼 인기가 있을 만했다. 한상수교수는 이번에도 다이어트 걱정을 하는 중에도 일본인들이 건강식으로 즐긴다는 '낫도'를 두개씩이나 드시면서 내게도 권하시기에 지난번에 이어 두 번째로 먹어보았는데 순한 청국장 맛이지만 끈적거리는 것이 비위에 썩 들지는 못했다. 그래도 다른 신선한 음식들로 배를

채우며 동경 와싱턴 호텔의 마지막 조식을 즐겼다. 뒤이어 최지훈, 박방희 선생도 와서 식사하는 모습을 기념사진으로 찍어드렸다.

짐을 챙겨놓고 약속시간에 버스에 타니 모두들 짐을 로비에 내려놓았다는 것이다. 그런 연락이 확실치 않아 나와 한교수만 실수한 것이다. 내가 서둘러 호텔방으로 가는데 김태호군도 뒤따라 와줘서 같이 한교수님 짐과 함께 들고 로비에 갖다놓았다. 그 와중에 동경관광 안내책자를 잃어버려서 아쉬웠다.

다시 버스에 올라타고 우에노 공원을 향해 가는데 어느 작은 공원을 지나갈 때에 거기 빈 의자에 앉아있는 노인네들의 모습이 처량하게 보여서 그중 지팽이 짚은 한 노인을 찍어두었다. 그리고 10시경에 우에노 공원 근처에 있는 우리의 목적지, <국제 국립어린이도서관>에 도착했다. 본디 이곳은 <제국도서관>이란 이름으로 18907년에 설계해서 1906년에 시공했으나 노일전쟁등으로 늦어져서 1926년에 당초계획보다 삼분지 일 수준으로 완공한 것으로 10미터 높이의 회반죽 기둥과 회벽이 특징인 르네상스 양식의 건물이라는데 국회도서관 소속으로 있다가 2001년 1월에 '국제 국립어린이도서관'으로 개명하고 2002년 5월 5일 어린이날부터 전면 개관하기 시작했단다. 그리고 국제 어린이 도서관답게 '세계 이해의 방', '이야기 방' 그리고 '미디어와의 만남 코너'등으로 공간 구성을 하고 있다는 설명도 들었다. 그곳을 둘러보니 '세계 이해의 방'에서는 세계아동문학의 대가들, 예컨대 안델센에 대한 전기와 연구물등이 수도 없이 끌혀 있는 등 그 자료의 풍성함에 부러울 따름이었다.

11시에 약속대로 다시 버스에 올라 이번에는 아사구사라는 데를 갔는데 천초사라는 큰 절과 크고 작은 신사들이 밀집해 있는 곳으로 갔다. 본디 복을 비는 미신이 많다는 일본답게 울긋불긋한 깃발이 늘어서있는 크고 작은 절과 신사들이 그렇게 많았고 거기에 절을 하는 일본인 남녀노소들이 또 그렇게 많았다. 천초사는 서기 678년에 창건했다는 대찰이라는

데 고려시대 혜허 스님이 그린 관음도를 소장하고 있어서 한국인이 즐겨 찾아가는 절이기도 하단다. 또 이 절은 出世, 商德, 子育地藏尊 등 각종 잡신이 다 모여 있는 곳이라 설날에는 일본인이 100만명이나 찾아 복을 비는 곳이기도 하단다.

그런 대찰과 신사가 있는 구역 반대편에는 또 우리나라 장터 같은 재래시장 비슷한 것이 즐비하게 늘어서 있었는데 나와 한교수님은 거기를 가지 않고 여기저기 사진을 좀 찍다가 약속시간인 11시 40분에 맞춰서 버스 있는 데로 갔다. 그리고 주최측인 일본 학회에서 마지막으로 베푸는 오찬을, 그 부근에 있는 <천초사>라는 큰 음식점에서 일식인 튀김정식으로 대접을 받고 다시 버스에 올랐다.

그리고 돌아오는데 거리에 웬 삼바 축제 같은 가장 행렬이 있고 수많은 인파가 몰리기 시작하고 있었다. 알고 보니 일본에서도 유명한 도모도리로끼(?)라는 축제행사라는데, 과연 남미의 유명한 삼바 축제 비슷한 것으로 지방 축제라기보다는 전국에 관련된 사람들이 일본의 중심지인 동경에 함께 모여서 퍼레이드를 벌이는 전국적인 축제란다. 우리들 대부분은 버스에서 내려 워싱턴 호텔에서 쉬러 들어갔지만, 호기심이 많은 김용희선생과 나근희선생은 그 축제의 현장을 쫓아다닌 모양이다. 그리고 김향이 선생을 중심으로 한 최경희, 진선희교수 등 일부 팀들은 치히로 미술관을 다녀온 모양인데, 다녀와서 보는 이들에게마다 너무 좋았다며 자랑하는 이야기를 듣고 나는 괜히 피곤하다고 못갔구나 싶어 아쉬운 마음이 들었다.

하긴 나는 그대신 한상수교수와 함께 호텔부근의 <신주크 파크타워>라는 큰 빌딩의 지하 상가와 식당을 돌면서 저녁식사로 적절한 곳을 찾아다녀보았던 것이다. 그리고 거기서 출어중(出漁中)이란 간판을 단 일본식 횟집같은 식당을 찾아내고 만찬 예약을 해놓고 왔다. 여러곳에 에 흩어진 회원들이 돌아올 시간을 생각해서 여유있게 저녁 7시로 예약한 것이다.

그리고 7시까지 한두사람만 빠지고 거의 다 와서 예약 장소로 갔다.

1000엔짜리 회정식을 시켰는데 몇 사람은 다른 조금 싼 것을 시켰다. 그리고 좀 늦어서 온 김용희, 나근희선생까지 17명이 식사했지만 총 비용이 16250엔, 그러니까 한국 돈으로 24만원이 들은 셈이다. 동경의 한복판에서 이만한 식구의 회식으로는 생각보다 아주 저렴했다. 하긴 주류를 시키지 않아서 그랬는데 지금 생각하니 자청해서 대접한다고 식사를 내면서 술 좋아하는 분들을 배려하지 못한 점에 미안한 생각이 든다. 그런데 이 회식 중에 사실 더 중요한 것은 이번 한국아동문학의 밤을 포함해서 제11회 아시아 아동문학대회를 마감하면서 소감과 더불어 차기 경주대회 때 참고할 만한 좋은 아이디어가 있다면 함께 나누는 시간을 갖는 일이었다. 그래서 음식을 기다리는 시간부터 이야기를 시작했다. 기록은 이은하선생에게 부탁하고……. 그런데 식당 문 닫는 시간이 오후 8시라니 걱정이었다. 음식이 들어와 식사하는 와중에도 이야기를 계속하게 했는데 삼분지일도 못해서 8시가 다 되어갔다. 그러나 뒤늦게 온 김용희, 나근희선생의 음식을 추가로 시키는 덕분에 시간을 좀 더 연장해서 원유순 선생, 진선희 교수, 권혁준교수, 한상수교수, 남민우목사, 그리고 최지훈선생까지 돌아가며 이야기를 나눌 수 있었다. 하지만 결국 이야기를 반도 못다한 셈이 되었기 때문에 내 호텔방에서 계속해서 하자고 했는데 일부에서는 그건 좀 너무 무리한 일이라고들 한다. 그래서 할 수 없이 다음날 후지산 가는 버스 안에서 속개하기로 하고 마무리를 지었다. 그러고서 식당을 나와 호텔로 들어가는데 뒤따라 온 이상교 선생이 그래도 오늘 벌인 일이니 오늘 매듭지어야하지 않느냐면서 회장 방에 가서 마저 다하자고 했다. 그것도 타당하다고 생각되어서 그러면 그렇게 할까하고 옆에 지나가는 김용희선생에게 의논하니 오늘은 너무 피곤하니 이미 아까 말한대로 내일 차안에서 하자고 한다. 그래서 할수없이 그럼 오늘은 무리하지 말자고 이상교선생에게 동의를 구했는데 여전히 못마땅한 표정을 바꾸지 않아서 좀 미안했지만 내일로 미루기로 했다.

## 2012년 8월 26일 주일

동경 마지막날 아침, 역시 하늘이 맑게 개이고 화창해서 한상수 교수님과 오늘은 후지산을 볼 수 있겠다고 웃으며 이야기 나누면서 우선 지난번 약속시간을 지켜 남민우목사님 호텔로 6시반에 가서 남목사님과 김태호, 한상수, 최지훈 장로와 함께 주일예배를 드렸다. 그리고 일찍 서둘러 7시 좀 넘어서 25층 양식집에 올라가 조식을 먹었다. 식사하는데 뒤이어 온 최경희, 진선희교수를 만나고, 남민우 목사님과 김태호선생도 만나서 일부 사진도 찍어드렸다. 그리고 버스에 타기로 약속한 8시에 맞춰 서둘러 내려갔지만 후지산 가는 버스 타는 방향이 다른데다 일부 회원이 좀 늦게 나오는 바람에 시간이 30분이나 지연되어 결국 8시35분에 출발하게 되었다.

후지산관광을 도우러 와준 현지 가이드는 일본에서 십여년 살며 일본 여인과 결혼해 딸까지 둔 삼십대후반의 김석중이란 이인데 이상교선생이 사람 정신없게 한다고 푸념할만큼 말을 속사포처럼 퍼붓는 달변가였다. 그가 반시간 안팎으로 쏟아낸 말 가운데 일본과 후지산에 대한 정보는 다음처럼 푸짐했다. 일본 인구는 우리의 두 배 이상인 1억 2600만명에 땅덩이도 한반도의 두배 가까운 1.8배로, 2천7백여개 섬과 47개 도,군,현으로 조성되어있단다. 그리고 바다는 세계에서 4번째로 큰 해양국가로서의 면모도 보인단다. 또 동경의 땅덩이는 서울보다 2.5배로 크고, 인구는 1200만명인데 요즘 아파트가격은 24평 아파트 평균 4200만엔이란다. 이는 우리 한화로 6억원을 호가하는 셈이니 가히 비싸다고 하지않을 수 없단다. 그리고 일본은 국토의 70%이상이 산으로 되어있는데다 3000미터 이상 되는 산만 19개나 되는데 그중 최고봉인 후지산은 3778미터로 백두산 2744미터보다 1천미터나 더 높아서 일제시대부터 그들이 과시하는 말에 염증이 난 우리나라 연세드신 분들은 후지산이라면 가기조차

혐오한다는 데, 그런 사람 중에도 가는 이들이 아주 없지는 않단다. 왜냐 하면 후지산에 말뚝을 박기 위해서란다. 일본인들이 일제침략기 때 우리 한반도 곳곳에 수도없이 말뚝을 박아서 정기를 약하게 하려고 시도했으니, 우리도 앙갚음으로 저들의 영산이라는 후지산에 말뚝을 박으러들 간다는 것이다. 그래서 그동안 얼마나 박았냐고 했더니 아마 100개는 실히 넘을거란다. 후지산 부근에는 연봉인 가루이자산이 있는데 이는 우리나라 설악산 비슷한 곳으로 일본에서도 하꼬네와 함께 별장지로 꼽히는 명승지란다.

후지산은 또 이삼백년마다 한번씩 터지는 휴화산이라는데 최근에 터진 것은 1716년도로 그때도 140조엔의 손해를 볼 만큼 컸다는데 이제 또다시 터질 주기가 다되어서 빠르면 1주일안에 터질 지도 모른다는 이야기다. 그러고보니 이번에 동경 들를 때 후지산을 봐둬야지 그렇잖으면 언제또 볼지 알 수 없다는 말이 바로 여기서 나왔나 싶었다. 하긴 일본은 지진이 매우 잦은데다 그때마다 지형이 조금씩 달라지는 불안스러운 나라란다. 작년 3월11일 동북해 대지진 때만해도 약3미터정도로 땅이 옮겨지는 결과를 보였다든가…….

후지산은 그 고도에 따라 10합목까지 나뉘는데 고도 2350미터인 제5합 목까지는 차로 갈 수 있고 그 위부터는 나무나 풀도 없이 황량한 화산암반 만 있는 곳이란다. 그래도 정상에서 해돋이 하는 것을 보러가는 등산객들 도 있는데 그들을 위해 등산로 개방을 해주는 때는 7, 8월에 한정해서란다. 2350미터인 5합목에서 출발하면 전문가는 정상까지 7시간, 보통사람도 10시간이면 오른다는데 해돋이를 보려면 자정에 떠나야만 한단다. 그래 야 우리나라보다 7시간 먼저 뜨는 후지산의 아침 해를 볼 수 있단다. 그 후지산을 분기점으로 내륙쪽으로는 야마나시현이, 바다쪽으로는 시즈 호카현이 있는데 후지산을 제일 잘 볼 수 있는데는 후지산내에 들어와서 보다 좀 더 떨어진 하꼬네 같은 곳이란다.

속사포같은 가이드의 안내를 열심히 듣고 있는데 도로에 꽉찬 차들 속에서 버스는 조금씩밖에 못가고 있어 가이드는 오늘 과연 후지산을 갔다 와서 저녁 비행기를 탈 수 있을지 걱정을 하고 있었다. 걱정한 가이드를 잠시 쉬게 하고서 내가 마이크를 잡고 어제 하다만 이번 학술발표회 마무리 토의를 속개했다.

먼저 어제 자리에 없었던 원종찬교수에게 마이크를 건네며 이야기를 청하니, 원교수는 앞으로 2년후 경주대회 때는 아동청소년문학회와도 함께 손잡고 대회를 준비하자고 한다. 두 학회가 함께 계획하면 연구재단의 돈을 끌어오는데도 더 좋을 수 있고 또 인하대에는 중국유학생들이 꽤많아서 통역자로 봉사할 사람이 많은 장점도 있다고 그 이유를 댄다. 그다음 최경희교수도 두 학회가 합동하는데 찬성한다고 하고, 학술발표회 형식도 이번에 일본에서 하듯이 논제를 크게 몇 개의 섹션으로 나눈 뒤, 그 섹션별로 토론을 하게 하는 것이 좋겠다고 했다. 그 다음 김용희선생은 이번 학회에서 세대교차의 인상을 크게 받았다고 하면서 중국, 대만, 일본에는 작가들이 더 많이 오는 경향인데 우리나라 경주대회는 되도록 세계대회를 목표로 하되 연구자의 발표에만 한정할 게 아니라, 작가, 출판인이 어울어져서 장기자랑도 하는 축제의 모임으로 계획하자고 했다. 그리고 회비도 일본이 6만엔(한국돈 90만원)을 받았듯이 우리도 그 이상을 받아서 수익자 부담으로 하자고도 했다.

그다음 차례인 이상교선생은 경주대회를 지금부터 준비하되 작가도 다 같이 참여해서 못지않은 보람을 얻을 수 있게 준비하자고 했다. 그 다음 경주대회 준비위원장인 박방희선생은 긴 이야기 대신 간단히 경주대회를 잘 치루도록 준비하겠다고 약속하는 말을 했다. 그래서 내가 박방희 선생으로부터 전에 들은 대로 이번에 문공 분과 위원이 된 그 지역 국회의원 두 사람이 지원하기로 약속했다는 이야기를 보충발언하면서 격려박수를 받게 했다. 그 다음 나근희선생은 이번 대회에 와서 많은 영감을 받았다면서 다음번 경주대회도 미래지향적인 멋진 학회가 되길 기원한다고 했다. 이어서 소중애선생은 다좋은 데 작가들에게는 2% 부족한 점을 느꼈다고 하면서 나를 포함한 한국의 주최측으로 하여금 반성을 촉구하게 하는 말을 했다. 그리고 이번에 처음 참여한 김향이선생은 용띠인 자신의 환갑여행 대신 이 모임에 왔는데 오기를 잘 왔다고 생각한다면서, 그동안 살펴보니 운영의 전부를 장성유와 오다께선생등 소수가 맡아 하는 형국이 었는데 앞으로 경주대회 때는 여럿이 분담해서 함께 해야 할 것 같다고 한다. 그리고 우리나라 모든 문화인들이 연합하고 메이저급 출판사도 적극 참여해서 축제 같은 대회가 될 뿐 아니라 참가국들의 편집자들이 함께 참여할 동기부여도 많이 주어서 동아시아 모든 작가들에게 의미롭고 생산적인 집회가 되기를 바란다는 이야기를 했다. 그리고 역시 이번에 처음 온 이은하선생도 이번 모임이 좋아서 다음 모임에도 꼭 오겠다고 했고 김태호선생도 오기를 잘 했다며 많은 것을 배울 수 있어 좋았다고 했다.

다시 마이크를 잡은 우리의 달변가, 가이드는 산길로 접어든 차창풍경을 보면서 마악 산 중턱에 보이는 멋진 큰 저택을 보면서 이 근처의 지주 대가 댁이라며 1945년 패전 후 맥아더원수가 지주의 대부분의 땅을 소작농에게 분배하게 했지만 부자가 3대는 잘산다고 아직도 시골에서 부를 누리며 사는 지주계층이 있다고 한다. 그리고 일본의 회사 초급자의 연봉은 평균200만엔이고 연중 2-300%의 보너스를 받는다는데 직장 15년 이후 60세까지의 평균 연봉이 418만엔이란다. 그러나 물가가 우리보다 3배 비싸다보니 서민층은 근근히 살아야하고 우리네 도회지 일반 가정처럼 맞벌이로 살 수밖에 없는 것 같다. 고속도로를 지나가는데 방음벽이 투명한 아크릴로 되었을 뿐 아니라, 도로의 아스팔트도 신형으로 되어있어 아무리 비가와도 안으로 스며들어 빗길 운전의 위험을 차단한다는 점도 이채로왔다. 그리고 869킬로인 동경에서 나고야까지 시속 550킬로인 자기부상열차를 지금 공사중이라는데 2028년까지는 완공된다고 하니 우리보다 많이 앞선 나라임에는 틀림없는 것 같다.

가는 도중 맹호열차 같은 여러 놀이기구들이 반공에 솟구쳐있는 곳을 지났는데 그곳이 후리큐 아일랜드(?)란다. 거기에는 온갖 놀이기구가 있는데 특히 연인들 사이에 인기(?)있는 곳이 귀신체험동굴이란다. 그 동굴을 지나는데 무려 1시간이 걸리기 때문에 하루에 7, 8명밖에 이용을 못하기 때문에 미리 예약하지 않으면 안된다든가…….

그 근처를 지나다가 가이드는 이쯤해서 멀리 후지산 정상을 볼 수 있는 곳이라며, 헌데 대부분 구름에 가려 볼 수 없지만 운이 좋으면 볼 수도 있다고 해서 가리키는 후지산 방향쪽을 보니 과연 구름에 가려서 후지산 정상이 약간만 비치다가 말았다. 그리고 11시 20분경에 800미터 고지를 지나면서 가이드는 어디 쯤인가 차가 지나가면 자동으로 후지산 노래가 들리는 차도가 있다는데 그것도 놓치고 말았다. 그리고 11시반이 조금 지나자 1400미터 고지인 제1합목(合目)을 지나갔다. 그리고 버스가 갈 수 있는 최고 고지는 2340미터인 제5합목까지인데 거기에 도착했을 때는 어언 12시가 좀 넘어서였다. 가이드는 주말 교통지체에 걸려서 후지산 관광은커녕 점심도 먹지못하면 어쩔까 노심초사했는데 감사하게도 12시에 도착했기 때문에 이 5합목에서 1시간 반이상 주변을 돌아볼 시간을 가질 수 있다고 했다. 그래서 5합목의 주차장에서 버스를 내려 올라가니, 그 넓은 주차장에서 차마다 내리는 사람들로 5합목은 시장 바닥같았다.

우리는 1시40분까지 주차장의 버스있는데로 오기로 하고 2층집들이 즐비한 곳을 지나 그위에 신사쪽으로 올라가보았다. 그 안에 오르니 대나무로 만든 작은 물통으로 물을 떠먹는 곳이 있는데 그 물을 먹으면 장수한다든가… 거기서 물을 떠먹으려고 서있는 김용희,박방희선생을 사진 찍어주고, 거기를 지나 전망대에 오르니 아래 평원과 호수가 그림처럼 펼쳐

져있었다. 그래서 이를 배경으로 함께 오른 이들과 함께 사진을 찍었다.

거기를 나와 1시가 좀 넘어서 후지산 정상에 조금이라도 다가갈 셈으로 박방희, 진선희 선생 등과 함께 후지산 등산 입구를 지나 6합목으로 가는 길을 따라 가보았다. 가이드 말에 의하면 여기서 후지산 최정상인 제10합목까지 가려면 일반인은 10시간, 전문가는 7시간 걸린다는데 몇발자국이라도 정상에 좀 더 다가서고 싶은 일념으로 한정된 시간에 가다보니 속보가 될 수밖에 없었다. 그래서 가다가 동행했던 둘은 쳐지고 나혼자서 속보로 좀 더 올라가는데 어느새 원유순 선생이 마치 정상을 정복하고 오는듯이 여유롭게 혼자 내려오고 있었다. 그래서 함께 사진을 서로 찍어주다가 아무래도 약속시간 때문에 더 지체할 수 없어 아쉬움을 참고 내려올 수밖에 없었다. 그러나 내려오면서도 2400미터 고지인데도 우리나라 백두산이나 한라산과는 달리 큰 편백나무 등이 무성히 자라는 모습이 신기하고 거기서 내려다보이는 산하의 모습과 하늘의 여러 구름들이 나를 홀리게 해서 여러번 사진을 찍느라 걸음을 멈추게 했다. 그리고 약속시간에 가까스로 맞춰서 1시 40분에 버스에 올랐다.

가이드는 아마 내려가며 들를 만한 몇 군데가 있었을텐데, 점심 먹기에도 여의치 않은 시간 때문에 모든 것을 포기하고 서둘러 식당이 있는 도로변의 장터 같은 마을로 가게 했던 것 같다. 그리고 미리 예약해놓은 앙고라께 식당(?)에 3시가 다 되어 도착해서 하차한 뒤에 주말 인파 속에 그 식당 앞에서 또 십여분 기다렸다가 가까스로 들어갈 수 있었다. 그리고 가이드가 예약한대로 호오토오라는 버섯라면 류의 음식을 먹었다. 일본사람은 여름 더울 때도 이런 뜨거운 음식을 먹느냐고 이상해한다지만 우리는 이열치열(以熱治熱)이라면서 잘 먹었다. 다소 달콤쌉쌀하면서도 비교적 짠 음식이지만 오후 3시가 넘어서 먹다보니 무엇을 먹든 시장이 반찬이라고 하나도 남기지 않고 맛있게 먹었다. 거기다가 맥주맛을 내면서도 알콜이 하나도 안들어간 음료수를 가이드가 주문해줘서 한잔 마셔보기도 했다.

그리고 식사를 마치자마자, 오후 6시까지는 하네다 공항까지 가야하기 때문에 시간이 여의치 않다는 가이드 말을 듣고 다시 버스에 서둘러 올랐다. 과연 8월의 마지막 주말에 동경대도회지를 뚫고 하네다 공항까지 시간에 맞춰 갈 수 있을까, 만일 차가 러시아워에 막혀 비행기를 못타면 어쩌나 하는 염려가 적잖았는데, 감사하게도 차가 순순이 잘 빠져서 6시에 크게 늦지 않게 무사히 공항으로 들어올 수 있었다.

결국 우리는 주말인 주일날에 도쿄에서 후지산을 하루에 다녀오는 일정은 누가 보든 무리한 일정이지만 그래서 오가는 과정에서 많이 걱정도 하고 중간 중간 들르고 싶은 곳도 빼놓을 수밖에 없긴 했지만 그 일정을 다 소화해내고 공항에 올 수 있었던 것은, 좋은 날씨를 주셔서 얼핏얼핏 후지산 정상도 볼 수 있었던 것은, 그리고 4박 5일 동안 아무도 사고 없이 잘 여행을 마칠 수 있었던 것은 하나님의 은혜라는 생각을 하며 감사한 마음을 가지면서 7시 반 우리나라 비행기에 오를 수 있었다. 그리고 9시에 출발한 밤비행기는 우리 마음을 알아주기라도 하듯이 올 때보다 더빨리 1시간 47분을 주파해서 10시도 채 안되어서 고국의 땅, 김포 공항에 착륙했다. 그리고 각자 인사하기 바쁘게 서둘러들 헤어져 갔다. '여행의 참맛은 다시 집에 돌아가는 즐거움에서 온다'는 말이 맞음을 새삼 보여주기라도 하듯이…….